DuMont Schnellkurs

BIBEL

Volker Neuhaus

Bildauswahl: Maria Naumann

DUMONT

Impressum

Umschlagvorderseite von links nach rechts und von oben nach unten:
Giovanni Bellini, Madonna mit den Bäumchen, 1487 (Ausschnitt) / Michelangelo, Die Erschaffung Adams, 1511, Ausschnitt aus dem Fresko der Sixtinischen Kapelle (akg-images/Erich Lessing) / Initiale H aus einer Winchester-Bibel, um 1150 / Marc Chagall, König David, 1950 (akg-images/© 2005 VG Bildkunst, Bonn) / Der islamische Felsendom an der Stelle, wo sich einst der Tempel Salomos erhob (picture-alliance/obs/dpa-Bildfunk) / Apostel, Glasfenster der Kathedrale von Le Mans (picture-alliance/akg-images)

Umschlagrückseite von links nach rechts:
Die Hände Martin Luthers auf der Bibel, Detail aus Lucas Cranach, Gesetz und Evangelium, 1555 / Giotto, Die Anbetung der Könige, Fresko um 1350 (akg-images/Stefan Diller)

Frontispiz:
Initiale »I« (»In principio«, »Im Anfang«) am Beginn des Buches Genesis (erste Hälfte 15. Jh.) mit Bildern der sieben Schöpfungstage

Bibliographische Information der Deutschen Bibliothek:
Die Deutsche Bibliothek verzeichnet diese Publikation in der Deutschen Nationalbibliographie; detaillierte bibliographische Angaben sind im Internet über http://dnb.ddb.de abrufbar.

Originalausgabe

Druck und buchbinderische Verarbeitung: Rasch, Bramsche
Printed in Germany

ISBN 10: 3-8321-7635-7
ISBN 13: 978-3-8321-7635-8

DuMont Schnellkurs

BIBEL

Volker Neuhaus, geboren 1943, studierte Germanistik, Evangelische Theologie und Vergleichende Literaturwissenschaft in Zürich und Bonn. Er ist Professor für Neuere deutsche und Vergleichende Literaturwissenschaft an der Universität zu Köln. Seit 1989 ist er im Ehrenamt Geistlicher der Evangelischen Kirche im Rheinland.

GENESIS

Inhalt

Inhalt

Abkürzungen biblischer Bücher

Altes Testament

1 Mose Das 1. Buch Mose
2 Mose Das 2. Buch Mose
3 Mose Das 3. Buch Mose
4 Mose Das 4. Buch Mose
5 Mose Das 5. Buch Mose
Jos Das Buch Josua
Ri Das Buch der Richter
Rut Das Buch Rut
1 Sam Das 1. Buch Samuel
2 Sam Das 2. Buch Samuel
1 Kön Das 1. Buch der Könige
2 Kön Das 2. Buch der Könige
1 Chr Das 1. Buch der Chronik
2 Chr Das 2. Buch der Chronik
Esra Das Buch Esra
Neh Das Buch Nehemias
Tob Das Buch Tobit
Jdt Das Buch Judit
Est Das Buch Ester
1 Makk Das 1. Buch der Makkabäer
2 Makk Das 2. Buch der Makkabäer
Hiob Das Buch Hiob
Ps Die Psalmen
Spr Die Sprüche Salomos
Pred Der Prediger Salomo
Hld Das Hohelied Salomos
Weish Die Weisheit Salomos
Sir Das Buch Jesus Sirach
Jes Das Buch Jesaja
Jer Das Buch Jeremia
Klgl Die Klagelieder des Jeremia
Bar Das Buch Baruch
Hes Das Buch Hesekiel
Dan Das Buch Daniel
Hos Das Buch Hosea
Joel Das Buch Joel
Am Das Buch Amos
Obd Das Buch Obadja
Jona Das Buch Jona
Mi Das Buch Micha
Nah Das Buch Nahum
Hab Das Buch Habakuk
Zef Das Buch Zefania
Hag Das Buch Haggai
Sach Das Buch Sacharja
Mal Das Buch Maleachi

Neues Testament

Mt Matthäusevangelium
Mk Markusevangelium
Lk Lukasevangelium
Joh Johannesevangelium
Apg Apostelgeschichte
Röm Römerbrief
1 Kor 1. Korintherbrief
2 Kor 2. Korintherbrief
Gal Galaterbrief
Eph Epheserbrief
Phil Philipperbrief
Kol Kolosserbrief
1 Thess 1. Thessalonicherbrief
2 Thess 2. Thessalonicherbrief
1 Tim 1. Timotheusbrief
2 Tim 2. Timotheusbrief
Tit Titusbrief
Phlm Philemonbrief
Hebr Hebräerbrief
Jak Jakobusbrief
1 Petr 1. Petrusbrief
2 Petr 2. Petrusbrief
1 Joh 1. Johannesbrief
2 Joh 2. Johannesbrief
3 Joh 3. Johannesbrief
Jud Judasbrief
Offb Offenbarung des Johannes

Biblische Stellen werden meist nach der literarisch vertrauten Luther-Übersetzung in der Revision vom Anfang des 20. Jahrhunderts, aber auch in der Zürcher Übersetzung und in eigener Wiedergabe zitiert.

Vorwort

Die Bibel, diese in mehr als 1200 Jahren überlieferte und zusammengetragene Sammlung von Geschichten menschlicher Gotteserfahrung, ist über das in Morgen- und Abendland verbreitete Judentum, das Christentum und die Rezeption einer ganzen Reihe biblischer Motive im Islam zu einem der wichtigsten Bücher der gesamten Menschheitsgeschichte geworden und hat weltweit Kunst, Architektur, Philosophie und Literatur, aber auch die Sitten und den Alltag geprägt oder beeinflußt.

Dieser Schnellkurs erzählt von der Entstehung der Bücher des Alten wie des Neuen Testaments, von den Gattungen, zu denen sie gehören, von der Geschichte, in deren Verlauf sie entstanden sind, und weist exemplarisch auf die Rezeption biblischer Motive und Themen in Literatur und Philosophie, vor allem aber in der Bildenden Kunst hin.

Volker Neuhaus

Das Wort ›Bibel‹

Die letzte zu Luthers Lebzeiten erschienene Ausgabe seiner Bibelübersetzung trägt den Titel: »Biblia: Das ist: Die gantze Heilige Schrifft / Deudsch / Auffs new zugericht. D. Mart. Luth.« Gut vierhundert Jahre später heißt es auf dem Titelblatt meiner Konfirmandenbibel: »Die Bibel oder die ganze Heilige Schrift des Alten und Neuen Testaments nach der deutschen Übersetzung D. Martin Luthers«.

Das ursprüngliche »Biblia« betont noch die Vielzahl der Texte, die »die gantze Heilige Schrifft« ausmachen, denn »biblia« ist der Plural des griechischen »biblion«, was ›Buch‹ oder zumeist, antiker Praxis gemäß, ›Rolle‹ bedeutet. Ein solches »biblion« wird Jesus zum Beispiel in der Synagoge in seiner Heimatstadt Nazareth vom Synagogendiener in die Hände gegeben; es ist die Rolle mit den Worten des Propheten Jesaja (Lk 4,16 ff). Die Sammlung solcher Rollen erhielt den neutralen Titel »Biblia«, also ›Bücher‹, bis man den griechischen Plural eines Neutrums als Singular eines lateinischen Femininums auffaßte und aus den »Biblia« die ›Bibel‹ wurde. Sie ist somit im Wortsinne ein ›Buch der Bücher‹.

Die Luther-Bibel von 1534 ist die erste vollständige deutsche Bibelausgabe von Luther, hier das Titelblatt. In der Kartusche oben steht »Gottes Wort bleibt ewig«.

Die beiden ›Testamente‹

Meine Konfirmandenbibel differenziert noch stärker; die »ganze Heilige Schrift« besteht aus zwei Teilen, dem Alten und dem Neuen Testament.

Diese Begriffe begegnen schon beim Apostel Paulus; den Begriff ›Neues Testament‹ lernte er schon nach seiner Bekehrung kurz nach Jesu Tod kennen, als ihm Jesu Wort beim letzten Abendmahl überliefert wurde: »Dieser Kelch ist das neue Testament in meinem Blut« (1 Kor 11,23-25). Die Jünger Jesu begriffen sich als Volk eines neuen Bundes, gestiftet von Gott in der Menschwerdung, dem Tod und der Auferstehung seines Sohnes. Dieser Bund war vom Propheten Jeremia (Jer 31,31) verheißen worden und schien jetzt eingelöst.

Luther setzt mit Hilfe Melanchthons die Bibelübersetzung fort. Radierung von Gustav König, 1847

Entsprechend schreibt Paulus im Galaterbrief von den »beiden Testamenten« (Gal 4,24).

Luther übersetzt mit »Testament« einen zentralen Begriff der israelitischen Theologie, hebräisch ›berit‹, griechisch ›diatheke‹, der auch in der revidierten Lutherbibel jetzt mit ›Bund, Bundesschluß‹ wiedergegeben wird. Gott hat mit den Menschen immer wieder einen Bund geschlossen und erneuert, mit Noah, daß er nie wieder die Erde durch eine Sintflut vernichten werde (1 Mose 9,1-17), mit Abraham, daß er seine Nachkommen zu einem Volk machen werde, mit diesem Volk bei der Befreiung aus Ägypten – auf diesen Bund bezieht sich Jeremia – und mit der Gesetzge-

Siehe, es kommt die Zeit, spricht der Herr, da will ich mit dem Hause Israel und mit dem Hause Juda einen neuen Bund machen; nicht wie der Bund gewesen ist, den ich mit ihren Vätern machte. Da ich sie bei der Hand nahm, daß ich sie aus Ägyptenland führte, welchen Bund sie nicht gehalten haben, und ich sie zwingen mußte, spricht der Herr; sondern das soll der Bund sein, den ich mit dem Hause Israel machen will nach dieser Zeit, spricht der Herr: Ich will mein Gesetz in ihr Herz geben und in ihren Sinn schreiben; und sie sollen mein Volk sein, so will ich ihr Gott sein; und wird keiner den anderen noch ein Bruder den anderen lehren und sagen: »Erkenne den Herrn«, sondern sie sollen mich alle kennen, beide klein und groß, spricht der Herr. Denn ich will ihnen ihre Missetat vergeben und ihrer Sünde nimmermehr gedenken.
(Jer 31,31-34)

bung an Mose und das Volk in der Wüste am Sinai (2 Mose 20ff.). Wenn Luther im Neuen Testament das griechische ›diatheke‹ mit ›Testament‹ übersetzt, was es neben ›Bund, Vertrag‹ auch bedeuten kann, so betont er damit die Einseitigkeit der Verfügung Gottes: Gottes Bundesschlüsse sind kein Bündnis, kein Pakt, sondern eine einseitige Verfügung, die den menschlichen Partnern zugesagt wird, oder eben eröffnet, wie ein Testament.

Und noch etwas kommt hinzu: Testamente bedürfen der Schriftform. Gott hat seinen Willen aufgeschrieben oder aufschreiben lassen, und die Gesamtheit der Schriften bis hin zu Jesus bilden das »Alte Testament«, die über Jesus das »Neue Testament«. So gebraucht schon Paulus den Begriff, wenn er vom Vorlesen des ›Alten Testaments‹ spricht (2 Kor 3,14). Luther braucht ihn ausnahmslos so; bei ihm geht es nicht darum, daß der Inhalt für das Buch steht (ein sogenanntes ›pars pro toto‹: ›Ich lasse den Faust binden‹), sondern die Schriften sind die Sache selbst: Der Alte Bund *ist* das Alte Testament und der Neue das Neue Testament. Gott handelt durch das Wort, und sein Wort ist ganz konkret die Heilige ›Schrift‹, schriftlich niedergelegt in den beiden ›Testamenten‹, in denen Gott allein den Menschen begegnet.

Gerrit Don, Alte Frau, Bibel lesend. Um 1630

Unterschiede im Schriftverständnis
Luthers Auffassung ist im ganzen die der reformatorischen Kirchen. Für die Katholische Kirche gilt diese Ausschließlichkeit nicht; in ihr begegnet Gott auch in der von ihm eingesetzten Kirche, die ihrerseits zum Beispiel die Sakramente verwaltet, während für Luther die ›Schrift‹ auch die Herrin der Sakramente ist, weshalb er nur die Sakramente gelten läßt, die von Jesus selbst gestiftet wurden. Das jüdische Schriftverständnis kommt dem Luthers sehr nahe: Die ›Schrift‹ ist in ihrer Ma-

terialität von dinglicher Heiligkeit, weshalb die in der Synagoge verwendeten Schriftrollen regelrecht beerdigt werden, wenn sie unbrauchbar geworden sind.

›Altes Testament‹, ›Erstes Testament‹, ›Jüdische Bibel‹

Der Ausdruck ›Altes Testament‹ ist zum einen mißverständlich – im Horizont des Christentums –, zum anderen verletzend – im Horizont des Judentums. ›Alt‹ und ›neu‹ bedeuten im christlichen Verständnis nicht etwa ›überholt‹ und ›gültig‹; allenfalls kann man von einem ›Aufheben‹ des Alten durch das Neue im Sinne Hegels sprechen. Im Neuen Testament wird also das Alte zwar negiert, aber zugleich bewahrt und auf eine höhere Stufe gehoben. Man hat deshalb den Begriff »Erstes Testament« statt »Altes Testament« vorgeschlagen.

Gravierender noch: Beide Bezeichnungen bedeuten ein massives Eigentumsvergehen, das für Juden tief verletzend ist: Zunächst und eigentlich ist das ›Alte Testament‹ ausschließlich die jüdische Bibel, in der für den Juden Gottes Handeln an seinem Volk bezeugt ist. »Altes Testament« wird es erst in der christlichen Lesart, nach der es im ›Neuen Testament‹ seine Ergänzung und Erfüllung gefunden hat. Der Christ mag dies so sehen; es gibt ihm jedoch kein Recht, dem Volk das Buch wegzunehmen, das es als seine Begegnung mit Gott aufgeschrieben hat und dessen Gedächtniskultur es darstellt.

Will man diesem Buch gerecht werden, muß man es als ›Jüdische Bibel‹ bezeichnen, oder mit einem im Judentum gebräuchlichen Kunstwort als ›Tanach‹.

Das Wort ist gebildet aus den Anfangsbuchstaben der drei Teile der hebräischen Bibel: 1) ›Thora‹ (= ›Gesetz‹, die fünf Bücher Mose) 2) Nebiim (= ›Propheten‹) 3) ›Ketubim‹ (= ›Schriften‹); das ›K‹ wird guttural als ›Ch‹ gesprochen. Diese Einteilung unterscheidet sich stark von jener der christlichen Bibeln, wobei die Reihenfolge gleichzeitig eine Hierarchisierung darstellt.

Gedächtniskultur
Mit Gedächtniskultur bezeichnet man u.a. nach Maurice Halbwachs, Jan und Aleida Assmann die Summe der »Gedächtnisorte«, in denen ein Volk seine Herkunft, Geschichte, Kultur, Wesenheit u.ä. gestaltet, aufbewahrt, konkretisiert sieht, kurz ›erinnert‹. Für die Juden ist dies neben der ›Klagemauer‹, dem letzten Rest des Tempels als letztem Zeugen ihrer materiellen Kultur, ausschließlich die Sammlung ihrer Heiligen Schriften; die Juden verstehen sich als Volk des Buches. Indem etwa Juden selber für den NS-Völkermord an ihrem Volk den Begriff ›Shoah‹, griech. ›holokauston‹, ›Brandopfer, Ganzopfer‹ gewählt haben, knüpfen sie bewußt an den ersten ›Holokaust‹ der Bibel an: Gott fordert von Abraham die Opferung seines einzigen Sohnes Isaak als ›shoah‹, als ›holokauston‹ auf dem Berg, der später als der Tempelberg angesehen wird, und droht so mit der Vernichtung seines Volks noch vor dessen Entstehung. (1 Mose 22,1-14)

Und es stand hinfort kein Prophet auf in Israel wie Mose, den der Herr erkannt hätte von Angesicht zu Angesicht, zu allerlei Zeichen und Wundern, dazu ihn der Herr sandte, daß er sie täte in Ägyptenland an Pharao und an allen seinen Knechten und an allen seinem Lande und zu aller dieser mächtigen Hand und den schrecklichen Taten, die Mose tat vor den Augen des ganzen Israel.
(5 Mose,10-12)

Die Bücher Mose

Von schlechthin einzigartiger, unüberbietbarer Bedeutung ist für den Juden die ›Thora‹, d.h. die fünf Mosesbücher. Im Hebräischen werden sie nach ihren Anfangswörtern benannt: »Am Anfang«, »Namen«, »Er rief«, »In der Wüste«, »Worte«; daneben sind die aus den Inhalten genommenen griechischen Bezeichnungen weit verbreitet: ›Genesis‹ (›Anfang‹), ›Exodus‹ (›Auszug‹ aus Ägypten), ›Levitikus‹ (›Priesterliche Schrift‹), ›Arhithmoi‹ (›Numeri, (Volks)zählungen), ›Deuteronomion‹ (›Abschrift, Wiederholung‹ des Gesetzes vom Sinai). Die Einteilung war technisch notwendig, weil der Umfang den einer Schriftrolle bei weitem sprengte, erfolgte aber inhaltlich, mit jeweils deutlich markiertem Anfang und einem ebensolchen Ende. Insgesamt schließt dieser ›Pentateuch‹ (von griech. Biblos pentateuchos: fünfteiliges Buch) mit ei-

Dieses Stilleben mit Bibel malte Van Gogh 1885.

nem die Einzigartigkeit betonenden Nachruf auf Mose. Als sich die Jahwe-Verehrer in Samaria, dem früheren Nordreich Israel, Ende des vierten Jahrhunderts v. Chr. von Jerusalem abspalten, haben die ›Propheten‹ und die ›Schriften‹ noch nicht den Rang heiliger Bücher, weshalb in Samaria allein der Pentateuch als Wort und Schrift Gottes gilt.

Die ›Propheten‹

Den zweiten Teil der hebräischen Bibel bilden die ›Propheten‹. Er umfaßt die Bücher Josua, Richter, Samuel und die Königsbücher als ›vordere Propheten‹ und die ›eigentlichen‹ Propheten der christlichen Bibel als ›hintere Propheten‹, denen die drei großen Propheten Jesaja, Jeremia, Hesekiel in Entsprechung zu den drei Erzvätern Abraham, Isaak und Jakob vorangestellt sind. Ihnen folgt die Rolle mit den zwölf ›kleinen‹ Propheten in Analogie zu den zwölf Söhnen Jakobs, das ›Zwölfprophetenbuch‹.

Auch historische Bücher der christlichen Bibel erscheinen hier eingeordnet; dies liegt daran, daß sie ebenfalls von Propheten im weiteren Sinne handeln. Dabei wird die Unterordnung unter Mose von vornherein deutlich betont: Mose legt Josua als seinem Nachfolger die Hand auf und dieser wird »erfüllt mit dem Geist der Weisheit«. Gott selbst ernennt ihn zu Moses Nachfolger: »Wie ich mit Mose gewesen bin, also will ich auch mit dir sein«, ordnet ihn aber gleichzeitig dessen bleibender Autorität unter (Jos 1,5).

Auf diese Weise werden die ›Propheten‹-Bücher gleich an ihrem Anfang mit der Thora verklammert und an ihre unaufhebbare Autorität zurückgebunden. So eindrucksvoll wie der ›Propheten‹-Teil beginnt, so feierlich schließt er auch, wieder mit Rückblick und Ausblick: »Gedenket des Gesetzes Moses, meines Knechtes, das ich ihm befohlen habe auf dem Berge Horeb an das ganze Israel samt den Geboten und Rechten. Siehe, ich will euch senden den Propheten Elia, ehe denn da kommt der große und schreckliche

Sei nur getrost und sehr freudig, daß du haltest und tuest allerdinge nach dem Gesetz, das dir Mose, mein Knecht, geboten hat. Weiche nicht davon, weder zur Rechten noch zur Linken, auf daß du weise handeln mögest in allem, was du tun sollst. Und laß das Buch dieses Gesetzes nicht von deinem Munde kommen, sondern betrachte es Tag und Nacht, auf daß du haltest und tuest allerdinge nach dem, was darin geschrieben steht. Alsdann wird es dir gelingen in allem, was du tust, und wirst weise handeln können.

(Jos 1,6-8)

Der Begriff des Propheten ist im Alten Testament ausgesprochen vieldeutig und kann ganz allgemein ›Gottesmann‹ bedeuten. So werden etwa Abraham, Aaron, Mose und Samuel als Propheten bezeichnet. Die frühesten Propheten im engeren Sinne, von denen wir wissen, sind Elia und Elisa aus den Königsbüchern. Als ›Gottesmänner‹ sind sie Wundertäter (1 Kön 17,12 ff.; 2 Kön 4; 6,1-7), Wunderheiler (2 Kön 5), ja sogar Regenmacher (1 Kön 18,41-46).

Die Bedeutung, an die man heute zuerst denkt, die der Zukunftsschau, ist nur eine unter vielen: Diese Funktion hatten ursprünglich ›Seher‹, weshalb es im ersten Buch Samuel 9,9 heißt: »Die man jetzt Propheten nennt, nannte man Seher.« Das hebräische Wort ›nabi‹, im Plural ›nebiim‹, ist verwandt mit dem Verb für ›rufen‹ und kann ebenso ›Rufer‹ wie ›Berufener‹ bedeuten. Dieses ›Rufen‹ hat jedoch auch ekstatische, be-geist-erte Züge: Der Prophet steht unter der Gewalt des Gottesgeistes; aus ihm spricht Gott. Der jüdische Schriftsteller Josephus definiert gegen Ende des ersten Jahrhunderts n. Chr. Propheten als die, »welche von den ältesten Ereignissen der Vorzeit durch göttliche Inspiration unterrichtet sind und das Geschehen der eigenen Zeit so geschildert haben, wie es sich zugetragen hat.«

So verkündet der Prophet Gottes Willen, indem er mit Autorität etwa die Thora auslegt, und so kann er auch die Zukunft deuten, aber nicht als festgelegt, sondern als dynamisch. In der berühmten Prophetenlegende um Jona wird der Prophet geschickt, um Ninive den Untergang zu verkünden. Er will sich dem Auftrag entziehen, weshalb ihn ein Fisch dorthin transportieren muß, so daß er letztlich doch Gottes Auftrag erfüllt. Auf seine Untergangspredigt hin tut ganz Ninive überraschend Buße, und der Herr verschont die Stadt. Der Prophet fühlt sich als Lügner hingestellt und hadert mit ihm.

Jedenfalls ist der, der die Zukunft voraussagt, immer Gott selbst. Jede andere Zukunftsdeutung war in Israel streng verboten. Wenn Joseph in der berühmten Geschichte (s. S. 39 f.) die Träume des Pharao deutet, betont er, Traumdeutung stehe ihm nicht zu; er erläutere lediglich, was Gott dem Pharao verkünde (1 Mos 41,16 u. 28). Astrologie, Totenbeschwörung – die Geschichte, wo der verzweifelte Saul gegen sein eigenes Verbot die Hexe von Endor aufsucht, um Samuels Geist zu beschwören (1 Sam 28) –, jegliche Form des Orakels, der Glaube an Glücks- oder Unglückstage oder -zahlen waren in Israel streng untersagt. Abgesehen vom Glauben an Gottes lebendiges Wort herrschte strikteste Aufklärung. Daß sich das nur mühsam durchsetzen ließ und im Alltag immer wieder esoterisch unterlaufen wurde – sonst würden die Prophe-

Die Hexe von Endor hat den Geist Samuels heraufbeschworen, der König Saul die Niederlage gegen die Philister und seinen Tod weissagt. Illustration von Julius Schnorr von Carolsfeld (1795–1872).

ten nicht so dagegen wettern –, steht auf einem anderen Blatt.

Um sich nicht mit einer ›unendlichen Geschichte‹ konfrontiert zu sehen, erklärten die maßgeblichen Kreise die Prophetie für im zweiten Jahrhundert vor Christus erloschen; Esra, der jüngste Autor der hebräischen Bibel, wurde zum letzten Propheten. Weiteres wurde nicht offiziell überliefert. Daß die ›Prophetie‹ faktisch weiterging, zeigen die zusätzlichen Schriften der griechischen Überlieferung (s. S. 22) und ein Teil der Funde bei Qumran (s. S. 74). Dort fanden sich z. B. über die 150 bekannten Psalmen hinausgehende, darunter zwei, die schon aus der syrischen Tradition bekannt waren. Natürlich sind auch die Schriften des Neuen Testaments in der Tradition einer solchen weiterlaufenden Offenbarung zu sehen.

Das Bedürfnis nach einem definitiven Abschluß zeigen auch die beiden anderen auf dem Gott Israels aufbauenden Offenbarungsreligionen: Die Christen bekennen Jesus Christus als »Gottes eingeborenen (= als einzigen geborenen) Sohn« und die Muslime Mohammed als »das Siegel der Propheten«.

Tag des Herrn. Der soll das Herz der Väter bekehren zu den Kindern und das Herz der Kinder zu ihren Vätern, daß ich nicht komme und das Erdreich mit dem Bann schlage.« (Mal 3,22-24)

Die Geschichte Gottes mit seinem Volk ist eine offene Geschichte, sie geht weiter bis zum Eschaton, dem von Gott zukünftig gewirkten Weltende. Die Prophetie ist zur Apokalyptik geworden (s. S. 118 ff). Das Christentum wird diesen im Neuen Testament häufiger zitierten Maleachi-Schluß, der in der Anordnung der griechischen Übersetzung ans Ende des Ersten Testaments geraten ist, auf Johannes den Täufer und Jesus beziehen.

›Ketubim‹ (›Schriften‹)

Im Unterschied zur christlichen Bibel fehlt Daniel bei den ›großen‹ Propheten, er folgt in der dritten Abteilung, den ›Schriften‹. Sie umfassen die Psalmen, das Buch Hiob, die Sprüche Salomos, das Buch Ruth, Hohes Lied, Prediger Salomo (hebr. Kohelet, griech. und lat. ›Ecclesiastes‹), die Klagelieder (die in der christlichen Bibel zu Jeremia gewandert sind), Esther, Daniel, Esra, Nehemia, 1. und 2. Buch der Chronik. Zum einen sind das Bücher, in denen nicht Gott, sondern der Mensch spricht; zum andern fanden späte Bücher Platz in diesem Teil, der den beiden anderen wiederum nachgeordnet ist. Diese Texte kommen als Lesungen im Synagogengottesdienst nicht vor,

Juden lesen während einer Bar-Mizwa-Feier an der Klagemauer in Jerusalem aus der Thora.

mit Ausnahme von fünf »Festrollen«, die bestimmten Festen zugeordnet sind, ›Ruth‹ dem Wochenfest, das ›Hohe Lied‹ dem Passah, der ›Prediger‹ dem Laubhüttenfest, die ›Klagelieder‹ dem Gedenktag der Tempelzerstörung und ›Esther‹ dem Purimfest.

Festrollen: Esther und das Purimfest
Das Buch Esther ist eine typische Sage oder Legende: Der Perserkönig Ahasveros-Xerxes verstößt seine ungehorsame Gemahlin und testet dann Nacht für Nacht Jungfrauen, darunter auch die Jüdin – was niemand weiß – Esther, die zur Lieblingsfrau wird. Im Auftrag ihres Pflegevaters Mardechai warnt sie den König vor dem Attentat zweier Hofbeamter und nennt ihm den Namen des Warners. Der Kanzler des Reichs ist aber über eben diesen Mardechai erzürnt, weil der als frommer Jude vor ihm nicht die Knie beugt. Durch eine Intrige erlistet er sich die königliche Ordre, alle Juden im Perserreich zu ermorden, verfängt sich aber letztlich in der eigenen Schlinge. Mardechai wird sein Nachfolger und läßt nunmehr alle Judenfeinde ausrotten. Auf den für das Pogrom ausgelosten Tag – ›pur‹ das Los, ›purim‹ die Lose – wird für alle Zeiten das Purimfest gestiftet, ein auf ein wohl ursprüngliches heidnisches Fest in der Diaspora zurückgehendes jüdisches Volks- und Kinderfest.
Zu Ruth s. S. 22, zu den Klageliedern S. 99, zum Prediger S. 108ff. und zum Hohen Lied S. 116f.

Auch in diesem letzten Teil findet sich erneut ein betonter Anfang und ein triumphaler Schluß, und wieder bezieht sich der Anfang zurück auf die Thora: »Wohl dem, der nicht wandelt im Rat der Gottlosen noch tritt auf den Weg der Sünder noch sitzt, da die Spötter sitzen, sondern hat Lust zum Gesetz des Herrn und redet von seinem Gesetz Tag und Nacht!« (Ps 1,1f.) Der Schluß aber verkündet das Ende des babylonischen Exils 538, verheißt den Neubau des Tempels 520–516 v. Chr. und proklamiert Jahwe nicht als Gott Israels, sondern als Herrn der Weltgeschichte: »So spricht Kores, der König in Persien: Der Herr, der Gott des Himmels, hat mir alle Königreiche der Erde gegeben, und er hat mir befohlen, ihm ein Haus zu bauen zu Jerusalem in Juda. Wer nun unter euch seines Volks ist, mit dem sei der Herr, sein Gott, und er ziehe hinauf.«

Anführung der jüdischen Bibel im Neuen Testament

Die Spuren dieses hebräischen Kanons finden sich überall im Neuen Testament. Wenn generell von der »Schrift« die Rede ist, meint man die hebräische Bibel, die die Bibel Jesu und der Urgemeinde war. Wenn Jesus aber in der Bergpredigt sagt »Denn wahrlich, ich sage euch: Bis Himmel und Erde vergehen, wird nicht vergehen der kleinste Buchstabe noch ein Tüpfelchen vom Gesetz, bis alles geschieht« (Mt 5,18), meint er deren vornehmsten Teil, die Thora. Da der Ausdruck ›Ge-

Kanon

Das lateinische Wort bedeutet ›Richtmaß, Richtschnur‹. In unserem Zusammenhang meint es die Anzahl der Schriften, die in einer bestimmten Gemeinschaft als heilig gelten, bei den Samaritanern beispielsweise nur die Thora. Im Judentum galt als ›heilig‹ mit großem Vorrang die Thora, dann als deren Ausleger die ›Propheten‹ und schließlich in geringerem Maße die ›Schriften‹. Einmal festgelegt, sperrt sich ein Kanon seiner Natur gemäß gegen Erweiterungen. Durch unterschiedliche Buchzusammenlegungen kommt Josephus auf 22 Bücher, der Anzahl der Buchstaben im hebräischen Alphabet entsprechend, die außerkanonische Schrift 4. Esra zählt dieselben Schriften mit 24, also 2 x 12. Der Kanon der griechischen Fassung der jüdischen Bibel, der LXX (s. dazu S. 21ff.), ist dagegen umfangreicher und kennt noch die historischen Bücher Judit, Tobit, Erweiterungen zu Esther und die beiden Bücher der Makkabäer, bei den Propheten zusätzlich Baruch und Erweiterungen zu Daniel, bei den Lehrbüchern noch die Weisheit Salomos und das Buch Jesus Sirach. Da dieser erweiterte Kanon über die in der katholischen Kirche maßgebliche lateinische Übersetzung des Hieronymus, Vulgata (= die im Volk verbreitete), dort Gültigkeit erlangte, unterscheiden sich protestantischer und katholischer Kanon. Luther hat diese Teile als ›Apokryphen‹ (= ›verborgene, geheime Schriften‹) übersetzt und seinem Alten Testament angehängt. Er bewertete sie als »Bücher: so der heiligen Schrift nicht gleich gehalten/und doch nützlich und gut zu lesen sind‹. Da man mit Apokryphen eigentlich außerkanonische, zeitweise verbreitete, aber nicht offiziell anerkannte Schriften bezeichnet, verwendet man wegen der Abweichung vom jüdischen Kanon jetzt die Bezeichnung ›deuterokanonische‹ Schriften (= einem zweiten Kanon angehörig).

Der Ausdruck »unter aller Kanone« ist eine scherzhafte studentische Übersetzung von ›sub omni canone‹ (= unter allen Bewertungsmaßstäben).

Abraham Bloemaert (1564–1651), Landschaft mit Tobias.

setz‹ leicht mißverstanden werden kann, sei ausdrücklich betont: Wenn so absolut vom ›Gesetz‹ geredet wird, ist stets die ›Thora‹ gemeint, die fünf Bücher Mose als herausragendster Teil der Schrift, nicht etwa irgendwelche Gebote. Im Vers davor erweitert Jesus diese Formel auf die ersten beiden Teile der hebräischen Bibel: »Ihr sollt nicht meinen, daß ich gekommen bin, das Gesetz oder die Propheten aufzulösen; ich bin nicht gekommen aufzulösen, sondern zu erfüllen.« Der Auferstandene bezieht sich dann sogar ausdrücklich auf alle drei Schriftteile: »Es muß alles erfüllt werden, was von mir geschrieben steht im Gesetz des Mose, in den Propheten und in den Psalmen« (Lk 24, 44b).

Die griechische Übersetzung

Nachdem mit dem Untergang des Persischen Reiches das frühere Israel und jetzige Palästina erst unter makedonische Herrschaft, dann zumeist unter die der Alexander dem Großen in Ägypten nachfolgenden Ptolemäer kam, verbreiteten sich die Juden schnell in den von der hellenistischen Kultur geprägten Ländern rund ums Mittelmeer, der damals so genannten ›oikoumene‹, d.h. der bewohnten Welt – andere Gegenden zählten nicht. Dabei ergab sich schon sehr bald das Bedürfnis, die Heilige Schrift auch auf Griechisch zu besitzen, in der ›koine‹ (= die allgemeine) genannten Verkehrssprache dieser Welt. Wie auch Grabsteine und Synagogeninschriften bezeugen, ging in den Kreisen der jüdischen ›Diaspora‹ (= Zerstreuung) häufig die Kenntnis des Hebräischen verloren oder war, zumindest was Lesen und Schreiben anging, stark eingeschränkt. Im Zuge der ptolemäischen Religionspolitik, der auch die Minderheiten wichtig waren – man denke an das heutige Bemühen um einen staatlich organisierten Islam-Unterricht in deutscher Sprache – soll Ptolemaios II. Philadelphos (282–246 v. Chr.) in Alexandria, dem geistigen Zentrum des Hellenismus, die Übersetzung der maßgeblichen Thora, der fünf Bücher Mose angeordnet haben. Der späteren Legende zufolge wurden damit je sechs Männer aus jedem der zwölf Stämme Israels ausgewählt, die den Text für alle Zeit verbindlich gemeinsam übersetzt haben. In der spätesten Form der Legende taten sie es sogar unabhängig voneinander, und, siehe da, alle Texte waren identisch, also über jeden Zweifel erhabenene Entsprechungen des Originals. Abrundend wurden diese Übersetzer hoi hebdomakonta, die Septuaginta, d.h. die ›Siebzig‹ genannt. Nach und nach entstanden auch Übersetzungen der anderen Bibelteile, so daß gegen Ende des ersten Jahrhunderts n. Chr. eine vollständige griechischsprachige jüdische Bibel vorlag, auf die dann die Bezeichnung für ihre legendären Verfertiger überging, die ›Septuaginta‹, allgemein abgekürzt mit den lateinischen Zahlzeichen LXX. Genau wie bei ›Biblia‹ wird der ursprüngliche Plural als Singular gebraucht.

Die LXX enthält zum einen mehr Bücher als die hebräische Bibel – zum Teil solche, die auf Griechisch verfaßt worden sind – und bezeugt so das lebendige Weiterwachsen des keineswegs abgeschlossenen ›Kanons‹ (s. S. 20), zum anderen ordnet sie die Bücher anders an, wohl aufgrund des in Alexandria weiter entwickelten Verständnisses für literarische Gattungen. Der erste Teil enthält das große Geschichtswerk von den fünf Büchern Mose bis zu den Königsbüchern, also von der Erschaffung der Welt bis zum babylonischen Exil. Da die Landverheißung an Abraham erst mit der Landnahme im Buch Josua ihre Erfüllung findet, hat man auch von ›Hexateuch‹ (›Sechsbuch‹) gesprochen und wegen der durchgehenden erzählerischen Kontinuität zusammen mit den Büchern Richter, Samuel und Könige vom ›Enneateuch‹ (Neunbuch). Als deuterokanonisches Geschichtswerk enthält die LXX noch die Makkabäerbücher, führt also bis ins zweite Jahrhundert v. Chr. Das kleine, in sich geschlossene Buch Ruth wurde chronologisch zwischen Richter und 1. Samuel eingeordnet, weil es die Herkunft und Geburt von Davids Großvater Obed schildert. Der mittlere Teil enthält die Dichtungen von Hiob über die Psalmen bis zu den verschiedenen z. T. an Salomon angelehnten Spruchsammlungen und der dritte Teil dann die prophetischen Bücher, d.h. die Sammlungen von Gott berufener Gottesmänner, die für die eigene Zeit vollmächtig die Thora auslegen und nach christlichem Verständnis auf Jesus vorausweisen (s. S. 85).

Diese Übersetzung in die Universalsprache der hellenistischen Kultur war weit mehr als ein innerjüdischer Vorgang. In einer Zeit des schwindenden bzw. geschwundenen Götterglaubens, der Mysterienkulte, der kynischen und stoischen Popularphilosophen, kurz, des allgemeinen Suchens, lag mit einem Mal ein Buch vor, das einen einzigen, noch dazu unsichtbaren Gott als alleinigen Herrn der Weltgeschichte verkündete, in dessen Hand die Herzen der Könige wie Wasserbäche sind, die er leitet, wohin er will (Spr 21,1), und der sich zugleich in einer hochentwickelten Ethik ausspricht. Gleich der erste Satz ist gegenüber allem Zeitgenössischen völlig neuartig: »Im Anfang schuf ›der‹ Gott den Himmel und die Erde.« Seitdem sind nicht nur eigentliche Übertritte zum Judentum bezeugt, sondern vor allem »Gottesfürchtige« (M. Luther), Personen unterschiedlichster Herkuft, die der jüdische Monotheismus und die jüdische Ethik anzogen, die das Passahfest in Jerusalem feierten und die Schrift studierten. In den Synagogen gehörten sie oft zu den ersten Adressaten des Apostels Paulus auf seinen Missionsreisen.

Wichtig war die Anschlußfähigkeit des hellenistischen Judentums an die populärste Philosophie der Zeit, die Stoa: Vor einem weitgehend entgötterten Himmel lehrte sie die Existenz eines Letzten in der Rückbindung an eine persönliche Ethik: Radikale Unabhängigkeit von Macht, Reichtum, Fürsten- oder Wählergunst, Freimut des Auftretens, kurz, eine innere Freiheit, sind dem Individuum nicht zu nehmen, »Qui potest mori non potest cogi« (Seneca: Wer sterben kann, kann nicht gezwungen werden). Diese Ethik ist mit dem Glauben an einen jenseitigen

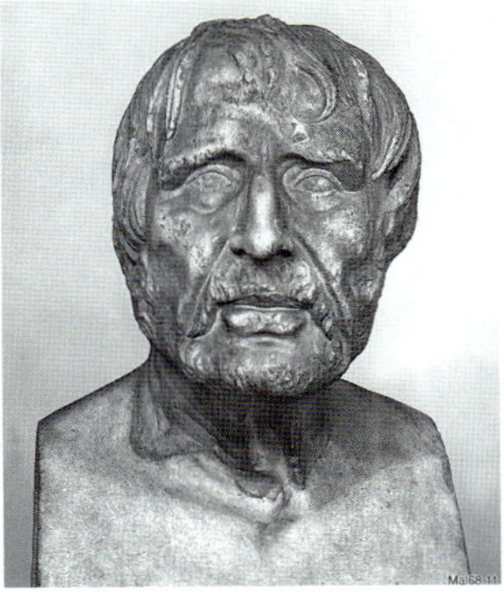

Ein Porträtkopf Senecas. Rom, Musei Capitolini.

ethisch fordernden Gott als Quelle solcher Freiheit, die durchaus ins Martyrium führen kann, vereinbar. Der Apostel Paulus wird mit der Stoa so weit übereinstimmen, daß wohl im 4. Jahrhundert ein Briefwechsel zwischen Seneca und ihm erfunden wurde (s. S. 111).

Und siehe, ein Mann aus Äthiopien, ein Kämmerer und Mächtiger am Hof der Kandake, der Königin von Äthiopien, welcher ihren ganzen Schatz verwaltete, der war nach Jerusalem gekommen, um anzubeten. Nun zog er wieder heim und saß auf seinem Wagen und las den Propheten Jesaja. Der Geist aber sprach zu Philippus: Geh hin und halte dich zu diesem Wagen! Da lief Philippus hin und hörte, daß er den Propheten Jesaja las, und fragte: Verstehst du auch, was du liesest? Er aber sprach: Wie kann ich, wenn mich nicht jemand anleitet? Und er bat Philippus, aufzusteigen und sich zu ihm zu setzen. Der Inhalt aber der Schrift, die er las, war dieser: »Wie ein Schaf, das zur Schlachtbank geführt, und wie ein Lamm, das vor seinem Scherer verstummt, so tut er seinen Mund nicht auf. In seiner Erniedrigung wurde sein Urteil aufgehoben. Wer kann seine Nachkommen zählen? Denn sein Leben wird von der Erde hinweggenommen.« Da antwortete der Kämmerer dem Philippus und sprach: Ich bitte dich, von wem redet der Prophet das, von sich selber oder von jemand anderem? Philippus aber tat seinen Mund auf und fing mit diesem Wort der Schrift an und predigte ihm das Evangelium von Jesus. (Apg 8,27 f.)

Überlieferung

Es überrascht immer wieder, wie spät meist die Handschriften sind, die uns Werke antiker Autoren überliefern. Aufgrund der maßgeblichen Rolle des Christentums schon in der Spätantike ist die Überlieferungslage für die Bücher der christlichen Bibel, zu der von Anfang an die LXX gehörte, außergewöhnlich günstig. Hier haben wir in der neuen Form des ›Kodex‹, des gebundenen Buches aus Pergamentseiten, schon Vollbibeln aus dem 4. Jahrhundert nach Christus (Codex Sinaiticus, Codex Vaticanus; wichtig auch Codex Alexandrinus, 5. Jhdt. Zum Vergleich: Vom Tragiker Sophokles haben wir erst Handschriften weit nach der Jahrtausendwende). Die älteste vollständige hebräische Bibelhandschrift entstand 1008 n. Chr. (Codex Petropolitanus) und

Codex Sinaiticus, griech., Joh 21.2–25. 4. Jh. n. Chr.

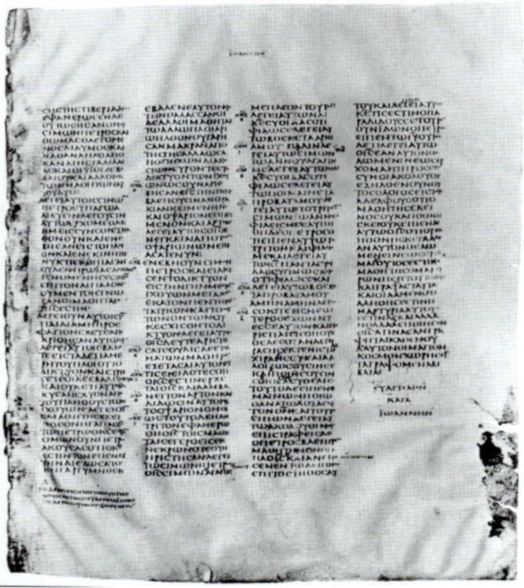

Katharinenkloster am Sinai, Fundort des Codex Sinaiticus.

ist das Ergebnis eines mit der Zerstörung Jerusalems 70. n. Chr. und der Diaspora (= Zerstreuung, nämlich der jüdischen Einwohner) einsetzenden Normierungsprozesses. Gelehrte bemühten sich, für das Volk der Schrift eine einheitliche Textgrundlage zu schaffen, die dem in der Bibel selbst enthaltenen Gebot, bei Gottes Wort dürfe weder etwas hinzugefügt noch etwas weggetan werden (5 Mose 4,2; 12,32) entsprach. Im Hebräischen werden allein die Konsonanten geschrieben; die Vokalisierung regelte die Tradition. Wenn die nun abzureißen drohte, wurde zum einen durch umfängliche statistische Maßnahmen der Konsonantentext für immer einheitlich gesichert, zum andern durch Punktation die Vokalisierung festgeschrieben. In diesem Prozeß sind nahezu alle Varianten untergegangen, d.h. der ab 1000 n. Chr. greifbare einheitliche Text war nicht immer so, sondern ist systematisch vereinheitlicht worden. Das zeigen Abweichungen der LXX-Texte, die noch nicht normierte Vorlagen benutzt haben,

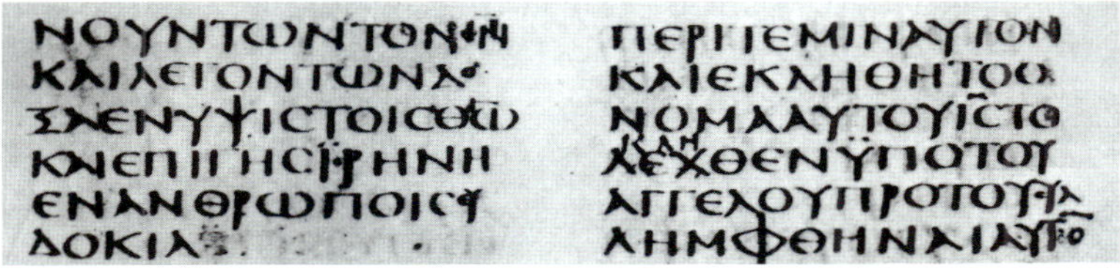

Codex Sinaiticus, Ausschnitt. Lk 2.13–14 u. 21.

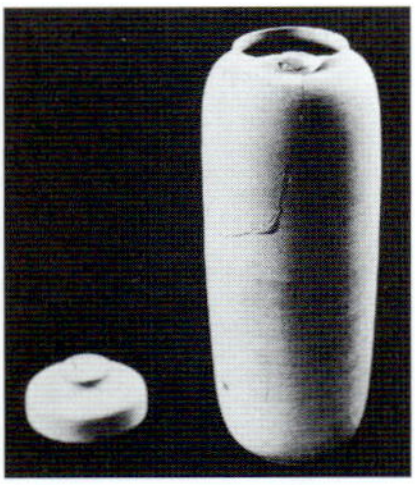

Aufsehenerregende Funde brachte die Entdeckung der Höhlen von Qumran seit 1946: Tonkrüge mit ältesten biblischen Schriftrollen, wie der Jesaja-Rolle (ca. 150 v. Chr.)

vor allem aber die Funde bei Qumran (s. S. 74), die den Textstand – besser: die Textstände – im 1. Jhdt. n. Chr. bezeugen. Ein überlieferungsgeschichtlicher Glücksfall war auch der Fund hebräischer Schriftrollen aus dem 6. bis 8. Jahrhundert in der Abstellkammer einer Kairoer Synagoge. Wir müssen grundsätzlich von der Vorstellung Abschied nehmen, ein Buch der hebräischen Bibel habe einen Autor, der irgendwann ›letzte Hand‹ an sein Werk gelegt habe, und wir könnten nun im kritischen Vergleich der Handschriften diesen einen ›Urtext‹ wiederherstellen. Statt dessen müssen wir auf allen Stufen mit einer Mehrheit von Verfassern, Redaktoren, inspirierten Abschreibern, Überlieferungen in verschiedenen Schulen und ähnlichem rechnen, bei der ein einheitlicher Text nicht etwa am Anfang, sondern erst am Ende erscheint, und zwar dadurch, daß er ›gewaltsam‹ hergestellt wird. (Zum Vergleich: Bei den Tragödien von Aischylos und Sophokles kommen wir nicht hinter die in Alexandria getroffene Auswahl und Textfassung zurück).

Die Jesaja-Rolle aus Qumran, 2. Jh v. Chr.

Lateinische und deutsche Übersetzungen

In Abgrenzung vom Rückgriff der Reformatoren auf den hebräischen bzw. griechischen Urtext erklärte das Konzil von Trient 1546 die auf Hieronymus (gest. 420) zurückgehende lateinische Bibelübersetzung, genannt »Vulgata« (= die im Volk verbreitete), für maßgeblich. Die berühmte 42zeilige (pro Seite) Gutenberg-Bibel,

Der Kirchenlehrer Hieronymus in einem Porträt von Theoderich von Prag, ca. 1365.

die der Erfinder des Buchdrucks mit beweglichen Buchstaben bis 1455 schuf, ist eine lateinische Vollbibel. Der Text des ersten gedruckten Neuen Testaments auf Griechisch wurde 1516 von Erasmus von Rotterdam (1469–1536) redigiert. Für die hebräische, die griechische und die lateinische Bibel gibt es jeweils preiswerte Studienausgaben. Für heutige Leser, die zumeist die alten Sprachen nicht mehr mühelos fließend lesen können, empfehlen sich die katholisch-protestan-

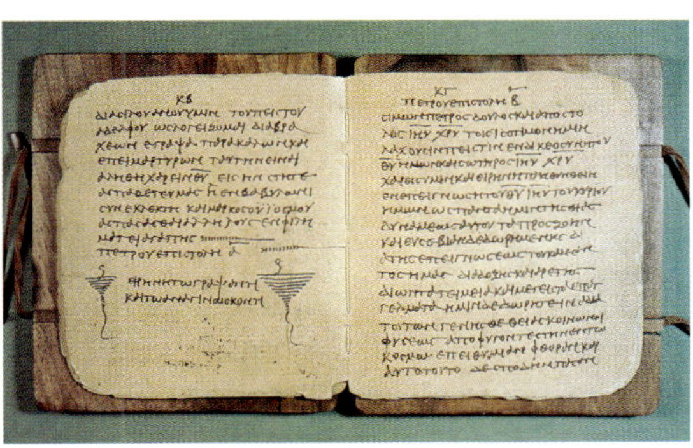

Kodex P72, griechischer Papyrus, 3./4. Jh. n. Chr.

Der Kirchenvater Hieronymus (366–84) schuf eine lateinische Übersetzung der Bibel. Auf dieser Zierseite der Urbino-Bibel (1476–78) beginnt der Hieronymus-Prolog zum Pentateuch mit einem Brief an Bischof Paulinus von Nola.

tische Einheitsübersetzung (1979), die revidierte Luther-Übersetzung (1984) oder als sehr nüchtern erarbeiteter zuverlässiger Text die von einer Schweizer

Luthers Bibelübersetzung
Martin Luther (1483–1546) hat seine Bibelübersetzung 1521 auf der Wartburg anhand des von Erasmus von Rotterdam edierten griechischen Neuen Testaments begonnen. Der mit Philipp Melanchthon als Wittenberger Professor für Griechisch durchgesprochene Text erschien erstmals im September 1522. Noch während des Druckes begann Luther mit der Übersetzung des Alten Testaments, das nach und nach erschien und 1534 mit der Übersetzung der deuterokanonischen Bücher (aus der LXX) abgeschlossen wurde. Hier bediente sich Luther durchgehend der Hilfe von Fachleuten, darunter wieder Melanchthon und der Hebraist Matthäus Aurogallus. Bis zur Ausgabe letzter Hand von 1545, ein Jahr vor Luthers Tod, wurde die Übersetzung von Luther und seinen Mitarbeitern ständig revidiert. Nach Luthers Übersetzungstheorie war die Verständlichkeit in der Zielsprache, also dem Deutschen, oberstes Gebot. Entgegen den durchaus verschiedenartigen Vorlagen von nüchternen Annalen über prophetisch begeisterte Sprüche bis zu hoher geistlicher (Psalmen) oder erotischer Dichtung (Hohes Lied) übersetzte Luther vereinheit-

Die Hände Martin Luthers auf der Bibel, Detail aus dem Gemälde von Lucas Cranach, »Gesetz und Evangelium« von 1555.

lichend in einen durchweg dichterisch gehobenen Ton, rhythmisiert und mit bewußten Alliterationen: »UND es waren Hirten in der selbigen gegend auff dem felde/bey den Hürten/die hüteten des nachts irer Herde« (Lk 2,8). Dieser poetische Charakter macht Luthers Übersetzung unabhängig von der konfessionellen Spaltung zu einem der großen Dokumente der deutschen Literatur; ihr riesiger Erfolg von Anfang an trug viel zur Entstehung einer neuhochdeutschen Schriftsprache bei.

Kommission im ersten Drittel des vorigen Jahrhunderts übersetzte Zürcher Bibel.

Die heute in allen Bibelausgaben zu findende Einteilung aller Bücher in Kapitel und Verse ist recht jung. Die Kapitel gehen zurück auf den Erzbischof von Canterbury, Stephan Langton (gest. 1228); die Verseintei-

Abb. unten links
Lateinische Gutenbergbibel mit der Titelseite zur Genesis, 1450–54.

Abb. unten rechts
Erasmus von Rotterdam: Neues Testament (griechisch/latein). Erste im Druck erschienene Ausgabe 1516. Beginn des Johannes-Evangeliums (In principio).

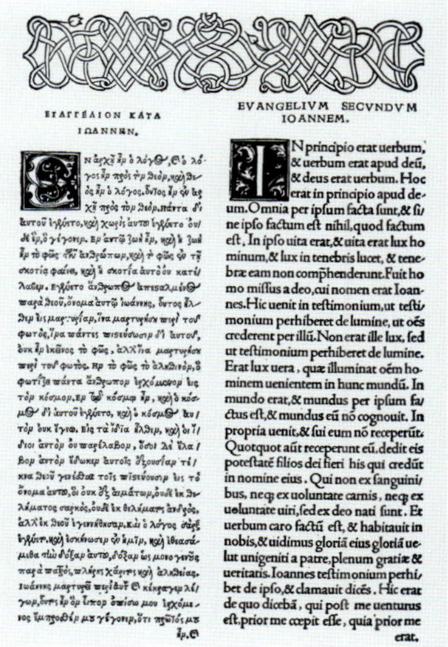

ΕΥΑΓΓΕΛΙΟΝ ΚΑΤΑ ΙΩΑΝΝΗΝ.

EVANGELIVM SECVNDVM IOANNEM.

IN principio erat uerbum, & uerbum erat apud deũ, & deus erat uerbum. Hoc erat in principio apud deum. Omnia per ipsum facta sunt, & sine ipso factum est nihil, quod factum est. In ipso uita erat, & uita erat lux hominum, & lux in tenebris lucet, & tenebræ eam non cõphenderunt. Fuit homo missus a deo, cui nomen erat Ioannes. Hic uenit in testimonium, ut testimonium perhiberet de lumine, ut oẽs crederent per illũ. Non erat ille lux, sed ut testimonium perhiberet de lumine. Erat lux uera, quæ illuminat oẽm hominem uenientem in hunc mundũ. In mundo erat, & mundus per ipsum factus est, & mundus eũ nõ cognouit. In propria uenit, & sui eum nõ receperũt. Quotquot aũt receperunt eũ, dedit eis potestatẽ filios dei fieri his qui credũt in nomine eius. Qui non ex sanguinibus, neq; ex uoluntate carnis, neq; ex uoluntate uiri, sed ex deo nati sunt. Et uerbum caro factũ est, & habitauit in nobis, & uidimus gloriã eius gloriã uelut unigeniti a patre, plenum gratiæ & ueritatis. Ioannes testimonium perhibet de ipso, & clamauit dicẽs. Hic erat de quo dicebã, qui post me uenturus est, prior me cœpit esse, quia prior me erat.

Zürcher Bibel, 1531, Titelblatt der ersten vollständigen deutschen Ausgabe.

Emser: Neues Testament 1527. Titelblatt der ersten katholischen deutschen Bibelausgabe der Reformationszeit.

lung hat erstmals der gelehrte Buchdrucker Robert Stefanus (bzw. frz. Estienne) in einer griechischen und lateinischen Bibel 1551 in Genf durchgeführt.

Worin besteht die Hebräische Bibel oder das Erste Testament?

In aller Regel haben wir nur die eine vereinheitlichte Fassung sowie zufällige Nebenüberlieferungen (LXX, Funde in der Kairoer Synagoge oder bei Qumran). Deshalb gilt es hier festzuhalten: Alle Rekonstruktionen von früheren Fassungen, von Kernsätzen und späteren Erweiterungen, von diesem und jenem Redaktor, dieser und jener Schule, denen wir im weiteren begegnen werden, haben keine andere Grundlage als einen an die zweitausend Jahre späteren einheitlich normierten Text und einige zufällig überlieferte Abweichungen. Das heißt, alles, was seit den Autoren des Neuen Testaments über die Kirchenväter bis zur allerneuesten Exegese (= Schriftauslegung) über die Hebräische Bibel gesagt worden ist, beruht überwiegend auf dem einen, vereinheitlichten, sehr späten Text und ist, wenn auch mehr oder weniger wissenschaftlich begründet, Spekulation. Dies erklärt z.B., daß sich auf keinem vergleichbaren historischen oder philologischen Gebiet in einer Generation ein solcher Radikalumbau des ›Gewußten‹ vollzogen hat wie in den letzten dreißig Jahren der Wissenschaft von der Hebräischen Bibel. Resigniert, aber ehrlich schreibt A.H.J. Gunneweg in der Vorbemerkung zur 6. Auflage seiner »Geschichte Israels« 1989: »Wir wissen heute weniger als Alt und Noth«, die großen Alttestamentler aus der ersten Hälfte des zwanzigsten Jahrhunderts.

Schöfflers livländischer Theologiestudent

Der Anglist Herbert Schöffler (1888–1946) überliefert in seiner »Kleinen Geographie des deutschen Witzes« die Klagen eines baltendeutschen Theologiestudenten über die moderne Exegese: »Sehen Sie, wir haben den ganz klaren Text. Wie der Hirrsch schräit nach frischem Wasser, so schräit mähne Seele, Gott, zu Dir. Das ist vom Gottesmann Martinus Luther. Nun kommt diese jämmerliche Textkritik. Sie wäist vielläicht errstens nach, daß es äinen Hirrsch wahrschähnlich nie jejeben hat im Häilijen Lande und daß an dieser Stelle der kläine, fast schwanzlose Klippschlieferdachs jemäint ist; der schräit nicht, der winselt. Und von Wasser ist wahrschäinlich auch nicht die Rede in diesem zwäiundvirrzichsten Psalm, der Ausdruck in diesem Verse bedeutet vielleicht nach den neuesten Forrschungen denaturiertes Naphta oder so etwas; – ›schräit mäine Seele zu Dir‹ ist dann vielläicht äine ganz oberflächliche, in der Äile nach der Vulgata anjefertichte Übersetzung Luthers, und so häißt die ganze Stelle plötzlich äijentlich und janz jenau: ›Wie der Klippschlieferdachs winselt nach denaturiertem Naphta, so sticht mäine Milz nach Dir.‹ Großer Gott nochmal, was fange ich vor äiner livländischen Landjemäinde mit solcher Exegese an?«

Was heißt ›Wort Gottes‹?

Und ein zweites wäre grundsätzlich zu beachten: Für alle christlichen Kirchen gilt, daß »das geschriebene Bibelwort das maßgebliche geistliche Wort ist« (J. Gnilka, Jesus v. Nazaret S. 27): Die Hebräische Bibel oder das Erste Testament sind zusammen mit dem Neuen Testament ›Wort Gottes‹, im nach philologischen Methoden zu ermittelnden Urtext der jetzt vorliegenden Gestalt, und nicht etwa die momentan fast von Jahrfünft zu Jahrfünft wechselnden neuesten Theorien oder irgendwelche ›älteren‹ oder ›neueren‹ ›Schichten‹.

›Wort Gottes‹ ist die Bibel nicht in einem voraufklärerischen Sinne als von Gott bzw. dem Heiligen Geist diktiert, sondern als Sammlung historisch gewachsener Berichte von fehlbaren Menschen über ihre Begegnungen und Erfahrungen mit Gott, wie sie im »Tanach« oder in der »ganzen Heiligen Schrift des Alten und Neuen Testaments« gesammelt sind. Bei deren Auslegung kann dann die Rekonstruktion einzelner ›Schichten‹ u. dergl. hilfreich oder gar unerläßlich sein.

Die Schöpfung

Die Geschichte beginnt, wie es grundsätzlicher und universeller nicht sein könnte; Gottes Wort ruft Himmel und Erde, Licht und Finsternis, Wasser und Land, Pflanzen, Sonne und Mond, Fische, Vögel und Landtiere aus dem Nichts ins Dasein, zuletzt die Spezies Mensch, als Mann und Frau, beide nach seinem Bilde. Gedeutet wird dies heute allgemein nach dem Brauch orientalischer Großkönige, in entlegenen Provinzen Bilder des Herrschers aufzustellen – so sollen die Menschen als Stellvertreter Gottes über die übrige Schöpfung herrschen. Am siebten Tage ruht Gott von der Schöpfung und schafft so die Ruhe selbst als ihm geheiligte Zeit und ihm geheiligten Raum.

Miniatur mit dem Thema der Genesis, der Erschaffer der Welt mit einer großen Weltkugel dargestellt.

Der Sündenfall

Sozusagen die Grenze zwischen Gott und seinem Bild auf Erden ist »der Baum der Erkenntnis des Guten und des Bösen«, die Gott sich vorbehält. »Esset nicht davon, rühret's auch nicht an, daß ihr nicht sterbet.« (1 Mose 3,3) Der Mensch greift nach der verbotenen Frucht, weil er diese Grenze überschreiten will und sein will wie Gott. So erklärt der alte Mythos tiefsinnig die Sonderstellung des Menschen, sein Herausgefallensein aus der übrigen Schöpfung, seine Entfremdung – das, was man später ›conditio humana‹, ›la condition humaine‹ genannt hat. Sie besteht in drei Dingen, die ihn zu seinem Leid von allen Tieren unterscheiden: Er weiß um seine Sterblichkeit; und seine Sexualität sowie seine Arbeit sind verflucht – präziser kann man die Problematik menschlicher Existenz nicht auf den Punkt bringen.

Aus der Schöpfungsgeschichte ist hier der vierte Tag illustriert: Gott erschafft die Gestirne und den Wechsel von Tag und Nacht. Das Mosaik aus dem 12. Jh. befindet sich im Dom von Monreale.

Bereits in der nächsten Generation kommt es zu Mord und Totschlag, und Kain erschlägt seinen Bruder Abel. Gott aber will keine endlose Kette der Vergeltung und Gewalt; er will den Tod des Sünders nicht: »Und der Herr machte ein Zeichen an Kain, daß ihn niemand erschlüge, wer ihn fände. Also ging Kain von dem Angesicht des Herrn und wohnte im Lande Nod,

Und zum Weibe sprach er: Ich will dir viel Schmerzen schaffen, wenn du schwanger wirst; du sollst mit Schmerzen Kinder gebären; und dein Verlangen soll nach deinem Manne sein, und er soll dein Herr sein. Und zu Adam sprach er: [...] verflucht sei der Acker um deinetwillen, mit Kummer sollst du dich darauf nähren dein Leben lang. Dornen und Disteln soll er dir tragen, und sollst das Kraut auf dem Felde essen. Im Schweiße deines Angesichts sollst du dein Brot essen, bis daß du wieder zu Erde werdest, davon du genommen wirst. Denn du bist Erde und sollst zu Erde werden.
(1 Mose 3,16-19)

Die Grandval-Bibel, Tours um 840, zeigt die Erschaffung des Menschen bis zu der Vertreibung aus dem Paradies und die Arbeit »im Schweiße seines Angesichts«.

jenseits von Eden.« (1 Mose 4,25 f.) Unvermittelt folgt noch die Notiz von einer Uroffenbarung: »Zu der Zeit fing man an, den Namen Jahwes anzurufen.« (1 Mose 4,26)

Die Sintflut

Lange Geschlechtsregister, wie sie die Bibel bis zum Stammbaum Jesu (Mt 1,1-17; Lk 3,23-38) liebt, überbrücken dann einen großen Zeitraum, in dem die Menschheit wächst und zugleich immer schlechter wird. »Da sprach der Herr: Die Menschen wollen sich von meinem Geist nicht mehr strafen lassen; denn sie sind Fleisch. Ich will ihnen noch Frist geben hundertzwanzig Jahre. ... Da sah Gott auf die Erde, und siehe, sie war verderbt; denn alles Fleisch hatte seinen Weg verderbt auf Erden.« (1 Mose 6,3 u. 12)

Eine große Flut, bei der Gott die Trennung von Wasser und Erde im zweiten Schöpfungsakt (1 Mose 1,6 f.) wieder rückgängig macht und alles im Chaos, im Urschlamm, im ›Tohuwabohu‹ (1 Mose 1,2) versinken läßt, wie sie in vielen Kulturen bezeugt ist, überleben nur der fromme Noah und die Seinen. Am Ende verkündet Gott selbst die extrem pessimistische Auffassung fast aller biblischen Bücher vom Menschen und garantiert von seiner Seite aus den Fortbestand der Schöpfung: »Ich will hinfort nicht mehr die Erde verfluchen um der Menschen willen; denn das Dichten des menschlichen Herzens ist böse von Jugend auf ... So lange die Erde steht, soll nicht aufhören Saat und

Bau der Arche Noah. Realitätsnah gestaltet dieses Fresko die Arbeit an der lebensrettenden Arche.

Ernte, Frost und Hitze, Sommer und Winter, Tag und Nacht.« (1 Mose 8,21 f.) Trotzdem erneuert er mit den als böse erkannten Menschen den Bund und vertraut ihnen die Schöpfung erneut an: »Seid fruchtbar und mehret euch und erfüllet die Erde. Furcht und Schrekken vor euch sei über alle Tiere auf Erden und über alle Vögel unter dem Himmel, über alles, was auf dem Erdboden kriecht, und über alle Fische im Meer; in eure Hände seien sie gegeben.« (1 Mose 9,1f.)

Diese Geschichten reden nicht nur von Gott und Mensch; sie erklären dem vorwissenschaftlichen Menschen auch immer wieder die Welt und ihre Gegebenheiten: Es regnet, weil der Himmel nach Art einer Käseglocke gedacht wird, über der Gott einen Teil der

Arche Noah. Glasfenster im Ulmer Münster, Besserer-Kapelle, um 1430.

Die Arche Noah in einer sehr frühen Darstellung: Miniatur aus der fragmentarisch erhaltenen Purpur-Handschrift »Wiener Genesis« aus dem 6. Jh.

Der für das Volk Israel eigentümlichste Gottesname besteht aus vier Konsonanten, dem sogenannten Tetragramm (= vier Buchstaben) JHWH. Er ist gemäß dem 3. Gebot, den Namen Gottes nicht zu mißbrauchen, für den Juden so heilig, daß er nicht ausgesprochen werden darf. Beim Lesen wird deshalb stattdessen ›adonai‹ ›der Herr‹ gesagt, was die meisten Bibelübersetzungen übernehmen. JeHoWaH ist lediglich eine irrige Vokalisierung des Tetragramms. Aus Rücksicht auf dieses jüdische Tabu sollte das Aussprechen des Namens möglichst vermieden werden. Gott gibt seinen Namen jenseits der Uroffenbarung noch an zwei entscheidenden Stellen selber preis; einmal bei der Offenbarung an Abraham (1 Mose 12,8) und dann bei der Berufung des Mose (2 Mose 3,14-16). In Vers 14 wird dort auch eine etymologische Ableitung vom hebräischen Wort für ›sein‹ versucht: ›Ich bin, der ich bin‹, ›Ich werde mit dir sein‹ oder ›Ich werde sein, der ich sein werde‹.

Urflut versammelt hat, um es gelegentlich aus aufgetanen ›Schleusen‹ des Himmels regnen zu lassen. Der Regenbogen, der sich zeigt, wenn, wie versprochen, auf Regen Sonnenschein folgt, ist der Kriegsbogen, den Jahwe in den Wolken für immer abgestellt hat,

Der Turmbau zu Babel, Pieter Bruegel d. Ä., 1563.

weil er die Erde nicht mehr bekriegen will. (1 Mose 9,12 ff.) Genauso soll die Geschichte vom Turmbau zu Babel (1 Mose 11,1-9) einerseits die Vielfalt menschlicher Sprachen, andererseits das Vorhandensein riesiger Berge von Ziegeltrümmern erklären, so wie die Geschichte von Sodom und Gomorrha die Geographie der Salzwüste und des Toten Meers deutet. (1 Mose 19,24 ff.)

Die Erzväter

Die Urgeschichte ist damit zuende. Gott schlägt einen neuen Weg in seiner Geschichte mit den Menschen ein. Er erwählt sich ein Volk, besser: er schafft sich ein Volk als besonderes Eigentum, um diesen Sonderweg dann später wieder universell auszuweiten. Er verheißt Abraham und Sara, wie einst Adam und Eva, daß ihre Nachkommen zum neuen Volk Gottes werden, »und in dir sollen gesegnet werden alle Geschlechter auf Erden.« (1 Mose 12,3). In ferner Zukunft werden sie auch dieses Land besitzen, aber einstweilen werden sie »Fremdlinge« im Land Kanaan sein, wie es immer wieder heißt. Kanaan ist der vorisraelische Name des späteren Herrschaftsgebiets des Volkes Israel; in der Römerzeit wird es nach dem weiteren dort ansässigen

Eine ätiologische Sage »ist dazu bestimmt, irgendwelche auffallenden Tatbestände aus der Gegenwart ihrer Entstehungszeit aus Ereignissen der Vergangenheit kausal abzuleiten.« (A. Alt)

Patriarchat

Die Geschichten um die Erzväter erinnern einerseits an Frühestes und spiegeln andererseits die gesellschaftlichen Verhältnisse bis in die Exilszeit wieder (s. dazu S. 69 ff.) Da nimmt es nicht wunder, daß die Geschichten um die Patriarchen patriarchalisch sind. Frauen spielen in ihnen eine wichtige Rolle als Familien-, Sippen- und Stammmütter. Wenn der männliche Erbe ausbleibt, gibt die Ehefrau des Patriarchen – mehrere Hauptfrauen sind erlaubt – ihrem Mann ihre eigene Magd als Nebenfrau, die dann stellvertretend für sie und auf ihren Knien hockend (1 Mose 30,3) ›ihre‹ Kinder gebiert (1 Mose 16,1-4; 30,1-8; 9-13). Daß es dabei – wie übrigens heute noch bei der Existenz von Nebenfrauen – nicht ohne massive Probleme abgeht, versteht sich von selber; die Bibel berichtet ungeschönt von solchen Rivalitäten (1 Mose 16,4b-9; 21,9-21; 30,1-3 u. 14-16). Gerade die Eifersuchtsszenen zeigen, daß die Frauen durchaus auf ihre Rechte achten und sich zu helfen wissen, wenn ihnen diese beschnitten oder verweigert werden (s. dazu etwa 1 Mose 38). Neben den männlichen Richtern gab es die Richterin Debora (s. S. 44), und der vielleicht älteste Teil der Hebräischen Bibel wird auf eine Frau zurückgeführt, das Lied Mirjams (2 Mose 15,21); und einer der wenigen Menschen, die den großen König David zu kritisieren wagen, ist seine Frau Michal (2 Sam 6,16,20); seine Thronfolge regelt seine Frau Bathseba zu Gunsten ihres Sohnes Salomo (1 Kön 1).

Volk der Philister »Palästina« genannt. Abraham erwirbt dort lediglich den Hain Mamre als Begräbnisstätte für sich und seine Sippe (1 Mose 23); die Erzväter (von der griechischen Vorsilbe ›archi‹ = ›Ur‹) sterben so ins Gelobte Land hinein, wie man einmal gesagt hat.

Abraham hat zwei Söhne, Ismael als Sohn der Magd Hagar, auf den die Ismaeliten zurückgehen (1 Mose 25,12 ff.), und Isaak als Sohn seiner Ehefrau Sara, der zum Vater von Esau und Jakob wird. Da der Gott der Hebräischen Bibel – der des Neuen Testaments übrigens auch! – selbst auf äußerst krummen Linien stets gerade schreibt, wird der Jüngere trotz seines Betrugs an Vater und Bruder beim Erstgeburtsrecht zum Träger des Segens (1 Mose 27): Während Esau wie einst Ismael mit einem Nebenvolk abgefunden wird (1 Mose 36), wird Jakob zu »Israel«, d.h. dem Vater seines gleichnamigen Volkes. Zwölf Söhne sind es, die ihm seine beiden Hauptfrauen Lea und Rahel und deren Mägde in komplizierter Abfolge gebären; jeder von ihnen wird der Vater eines nach ihm benannten Stammes; die unterschiedlichen Mütter könnten so etwas wie eine unterschiedliche Nähe dieser Stämme zueinander bezeichnen; die Gesamteinheit aber ist ›Israel‹ nach dem Zweitnamen des gemeinsamen Stammvaters Jakob, der diesem nach seinem Kampf mit dem Engel – oder ist es sogar Gott, mit dem er eine Nacht lang ›ringt‹? (1 Mose 32,22-32) – verliehen wird (V. 29).

Abrahams Gehorsam wird durch Gott geprüft, er soll seinen Sohn Isaak opfern. Er gehorcht, wird jedoch von einem Engel in letzter Sekunde daran gehindert. Diesen Augenblick hält das Gemälde von Rembrandt fest.

Jakob erschleicht sich Isaaks Segen. Gemälde von Govaert Flinck (1615–1660). Der blinde Vater glaubt den Erstgeborenen vor sich.

Die Josephs-Novelle

Im 1. Buch Mose (1 Mose 37,39-47,26) begegnet uns eine Erzählung, die in der gesamten Bibel nicht ihresgleichen hat, die ausführliche und reich ausgestaltete Geschichte von Jakobs Lieblingssohn Joseph, dem Erstgeborenen seiner über alles geliebten Rahel.

Jakob zeichnet seinen Lieblingssohn durch einen Rock mit langen Ärmeln aus – in ihm kann man nicht arbeiten und braucht es auch nicht. Im Gegenzug verpetzt dieser altklug gelegentlich seine Brüder, bis sie ihn beseitigen wollen. Von nun an verläuft sein Leben in den für die Novelle typischen Wendepunkten: Er wird als Sklave nach Ägypten verkauft, steigt dort bis zum Verwalter Potiphars auf, landet durch Verleumdung wieder ganz unten, steigt über die gelungene Traumdeutung wieder ganz hoch und wird zum Retter Ägyptens, seines Vaters und seiner Brüder. Gott ist sichtbar mit ihm und er mit Gott, indem er stets alle seine Gebote hält. Zugleich erklärt die Geschichte den für Israel als Nachbarn so rätselhaften Tatbestand, daß alles Land in Ägypten den Pharaonen und den Prie-

Joseph in der Dichtung

Die Geschichte hat immer wieder zur Nachdichtung gereizt, so z. B. Grimmelshausen, den Autor des »Simplicissimus«. Der ganz junge Goethe hat nach dem Bericht in »Dichtung und Wahrheit« ein langes »biblisches prosaisch-episches Gedicht« über Joseph verfaßt, das er jedoch als Student in Leipzig verbrannte. In seinen Fußstapfen hat Thomas Mann sein umfänglichstes Werk überhaupt geschaffen, den vierbändigen Zyklus »Joseph und seine Brüder« (1933–1943). Kern der über 1300 Seiten ist der Segen des sterbenden Jakob für seine Söhne, der im Falle Josephs lautet: »Von deines Vaters Gott ist dir geholfen, und von dem Allmächtigen bist du gesegnet mit Segen oben vom Himmel herab, mit Segen von der Tiefe, die unten liegt, mit Segen der Brüste und des Mutterleibes.« Die Formel, die Höhe und Tiefe, Gott und Erde, Männliches und Weibliches verbindet, erlaubte es Mann, ein einziges Mal eine geglückte Existenz zu gestalten. Bei den »Buddenbrooks« nimmt mit wachsendem Segen von oben der von unten ab, bis zur Lebensunfähigkeit, Tonio Kröger, Gustav Aschenbach (»Der Tod in Venedig«, Adrian Leverkühn (»Dr. Faustus«) fehlt der Segen von unten, Hans Castorp im »Zauberberg« im Grunde beide; einzig Goethe hat in seiner ganzen prekären Existenz doch Anteil am Väterlichen und am Mütterlichen; nicht zufällig entsteht »Lotte in Weimar« (1939) während der Arbeit am Josephs-Komplex.

Thomas Mann: Die Josephsromane. 1933 erschienen »Die Geschichten Jaakobs«, 1934 »Der junge Joseph«. Zwei weitere Romane kamen später hinzu: »Josef in Ägypten« 1936 und »Joseph der Ernährer« 1943.

stern gehört: Während der großen Dürre mußten es die früheren Eigentümer dem Pharao gegen Getreide verkaufen.

Michelangelo schuf 1513–1517 die berühmte Statue des Moses, die sich in der Kirche San Pietro in Vincoli in Rom befindet.

Mose und der Exodus

In Ägypten vermehren sich die dorthin umgesiedelten Nachkommen Jakob-Israels endlich zum verheißenen großen Volk – und es folgt der in seiner Knappheit und Kürze ungeheuerliche Satz zum Thema Dankbarkeit in der Geschichte: »Da kam ein neuer König auf in Ägypten, der wußte nichts von Joseph« (2 Mose 1,8). Aus den geehrten Gästen werden binnen etlicher Generationen verhaßte Fremdarbeiter und letztlich Sklaven. Sie lösen Überfremdungsängste aus und damit eine repressive Bevölkerungspolitik. Alle männlichen

Durchzug der Israeliten durch das Rote Meer. Miniatur eines griechischen Oktateuch, 12. Jh.

Nachkommen der Kinder Israel, die jetzt auch ›Hebräer‹ heißen, sollen im Wasser ersäuft werden.

Einer überlebt und wird sogar am ägyptischen Königshof erzogen; ›Mose‹ ist als Bestandteil ägyptischer Namen bekannt. Durch Strafwunder tut Gott dem Pharao seinen Willen kund, dieses Volk der Hebräer, sein Volk Israel, zu befreien. Als der König die Ausziehenden dennoch militärisch verfolgt, kommt es zum Wunder am Schilfmeer: Israel zieht trockenen Fußes durchs Meer, die nachsetzenden Ägypter kommen in den Fluten um.

Am Sinai erlebt das Volk unter gewaltigen Naturphänomenen, wie sie am ehesten einem Vulkanausbruch entsprechen (1 Mose 19,16-18), die Gegenwart Gottes, der ihnen gleichzeitig, vermittelt durch Mose, Gesetze gibt: nicht nur die Zehn Gebote (Ex 20), sondern auch ein komplettes Zivil- und Strafrechtsbuch sowie Kultgesetze; »der Jüden Sachsenspiegel« hat Luther diese Sammlung einmal genannt. Weitere Gesetze verkün-

Thomas Mann hat den Mose-Stoff in seiner Erzählung »Das Gesetz« gestaltet, einer Auftragsarbeit für eine Anthologie über die Zehn Gebote und deren völlige Mißachtung durch das nationalsozialistische Deutschland: »Ten Short Novels of Hitler's War against the Moral Code«, New York 1943. Mann schildert darin die Anfänge der Sittlichkeit und Gesittung nach dem englischen Sprichwort »Cleanliness comes next to godliness«. Beide sind dem Menschen keineswegs von Anfang an zu eigen (Rousseau), sondern müssen in einem mühsamen und langwierigen Prozeß anerzogen werden. Mensch und Volk sind im Naturzustand »ein bloßer Rohstoff aus Fleisch und Blut, dem die Grundbegriffe der Reinheit und Heiligkeit abgingen«. Diesen Weg zur Kultur (engl. ›civilisaton‹) eingeschlagen zu haben, ist bleibendes Verdienst des von den Nazis verachteten und verfolgten jüdischen Volkes; in ihm kommt Gott zur Welt und die Welt zu Gott.

Titelseite des Buches Josua der sog. Bibel aus Lissabon (15./16. Jh.). Im Bogenfeld eine Kartusche mit dem hebräischen Anfangswort des Buches Josua »waji« (»Und es geschah«).

det Gott dem Mose von der »Stiftshütte« aus, einer Art transportablem Sinai (2 Mose 33,7; 3 Mose 1,1 ff.), oder Mose verkündet sie in Gottes Auftrag als Abschiedsrede an sein Volk (5 Mose 12-26). Selbst der spätere Tempelbau (2 Mose 25,1-31,17) und das zukünftige Königtum (5 Mose 14,14-20) finden in diesen Gesetzescorpora bereits ihre Regelung.

Während der ersten langen Legislaturperiode Gottes oben auf dem Berg verliert das Volk an seinem Fuße die Geduld, und Moses Bruder Aron, der als Priester eigentlich dem Gottesmann oder Propheten Mose zur Seite stehen sollte, läßt als Gottesbild ein goldenes Kalb gießen, das das Volk prompt als seinen Gott verehrt, wie überhaupt der ganze Zug durch die Wüste von Abfall von und Heimkehr zu Gott geprägt ist. Noch angesichts des Gelobten Landes »murrt« das Volk und will wieder in die Sklaverei Ägyptens umkehren (4 Mose 13 f.), weshalb Gott sie erst in das von ihm verheißene Land einziehen läßt, als nach insgesamt vierzigjähriger Wüstenwanderung bis auf Josua und Kaleb die ganze Generation gestorben ist. An der Schwelle des Gelobten Landes segnet Mose noch einmal das ganze Volk, geordnet nach seinen Stämmen (5 Mose 33) nach dem Vorbild Jakob-Israels (1 Mose 49); dann begegnet er Gott auf einem hohen Berg, der ihm das gesamte zukünftige Land Israels zeigt. Mose stirbt im Anblick der Verheißung und wird von Gott selbst begraben, weshalb niemand sein Grab kennt.

Die Landnahme

Unter Josua erfolgt dann schließlich in einer Reihe von Kämpfen die Eroberung des dem Volk seit Abraham verheißenen Landes; den Stämmen werden feste Wohngebiete zugewiesen. Josua beendet sein Wirken mit einer Versammlung aller Stämme in Sichem (Jos 24). In seiner Ansprache rekapituliert er die großen Taten Gottes an seinem Volk seit Abraham. Dann fordert er alle zur Entscheidung auf: Sie können sich nicht nur zwischen Jahwe und den Göttern des besetzten Landes entscheiden – Josua nennt eigentümlicherweise eine dritte Möglichkeit: »die Götter, denen eure Väter ge-

Über zweieinhalbtausend Jahre alte Texte bedürfen der Deutung, wie dieser Brief an die Fernsehmoderatorin Laura Schlesinger zeigt, die als bewußte Christin die Homosexualität für inakzeptabel erklärte, da sie nach dem 3. Buch Mose 18,22 ein Gräuel sei.
Im Internet verbreitete daraufhin einer ihrer Zuschauer den folgenden, hier gekürzt dargestellten ironischen Brief: »Vielen Dank, dass Sie sich so aufopfernd bemühen, den Menschen die Gesetze Gottes näher zu bringen. Ich habe einiges durch Ihre Sendung gelernt. Wenn etwa jemand versucht, seinen homosexuellen Lebenswandel zu verteidigen, erinnere ich ihn einfach an das 3. Buch Mose, wo klargestellt wird, daß es sich dabei um ein Gräuel handelt. Ende der Debatte. Ich benötige allerdings ein paar Ratschläge von Ihnen im Hinblick auf einige der speziellen Gesetze und wie sie zu befolgen sind:
– Wenn ich am Altar einen Stier als Brandopfer darbiete, weiß ich, dass dies für den Herrn einen lieblichen Geruch erzeugt (3 Mose 1,9). Das Problem sind meine Nachbarn. Sie behaupten, der Geruch sei nicht lieblich für sie. Soll ich sie niederstrecken?
– Ich würde gerne meine Tochter in die Sklaverei verkaufen, wie es im 2. Buch Mose 21,7 erlaubt wird. Was wäre Ihrer Meinung nach heutzutage ein angemessener Preis für sie?
– Ich habe einen Nachbarn, der stets am Samstag arbeitet. Das 2. Buch Mose 35,2 stellt deutlich fest, dass er getötet werden muss. Allerdings: Bin ich moralisch verpflichtet, ihn eigenhändig zu töten?
– Ein Freund von mir meint, obwohl das Essen von Schalentieren, wie Muscheln oder Hummer, ein Gräuel darstellt (3 Mose 11,10), sei es ein geringeres Gräuel als Homosexualität. Ich stimme dem nicht zu. Könnten Sie das klarstellen?
– Die meisten meiner männlichen Freunde lassen sich ihre Haupt- und Barthaare schneiden, inklusive der Haare ihrer Schläfen, obwohl das eindeutig durch das 3. Buch Mose 19,27 verboten wird. Wie sollen sie sterben?«

dient haben jenseits des Stromes (= des Jordans) und in Ägypten« (Jos 24,14 u. 15) – als wäre das nicht immer schon Jahwe gewesen. Das Volk wiederholt die Heilstaten Gottes, Josua legt ihnen erneut die Gesetze vor und schließt auf dieser Grundlage erneut einen »Bund (berit) mit dem Volk« (Jos 24,25).

Die Richterzeit

Israel existiert jetzt als Verband landbesitzender Stämme ohne feste Herrschaftsstrukturen. Die Stämme haben ihre »Ältesten«, darüber hinaus scheint es ein Amt der »Richter Israels« zu geben, die das seit dem Sinai so wichtige Gesetz pflegen und verkünden. Es ist nicht erblich und scheint unter den Stämmen zu wechseln; Listen mit Amtszeiten finden sich im Buch der Richter (Ri 10,1-5; 12,7 ff.). Was bei der Wüstenwanderung begann, setzt sich fort: Das Volk fällt immer wieder von Jahwe ab und wendet sich den kanaanitischen Lokalgottheiten zu. Dann sucht Jahwe es strafend heim und läßt es seinen Feinden unterliegen. Wenn es dann verzweifelt wieder zu ihm »schreit«, erweckt er ihm ekstatische Führer und Führerinnen, die ebenfalls Richter genannt werden und die Feinde besiegen; bis heute berühmt sind die Richterin Debora (Ri 4; 5) und ihre männlichen Kollegen Gideon (Ri 6-8) und Simson (Ri 13-16), von denen farbige Sagen erzählt werden. In diesem wechselnden Rhythmus von Abfall und Strafe einerseits und Rückkehr und Rettung andererseits erfährt Israel seinen Gott als Herrn der Geschichte. Als sol-

Kreuzritterbibel Ludwigs IX., des Heiligen (Simson-Geschichte).

cher ist er weder nach Napoleons Ausspruch immer auf der Seite der stärkeren Bataillone noch, wie es sich für einen Volksgott gehören sollte, auf der seines Volkes. Er ist ein Gott, der, wie Moltke am Tage der französischen Kriegserklärung 1870 in sein Tagebuch schrieb, auch durch Niederlagen zum Siege führt.

Samuel

Samuel scheint der letzte Richter im Doppelsinne gewesen zu sein, Heerführer und Gesetzeswahrer, daneben erscheint er als Priester, Gottesmann, Prophet und vor allem als Königsmacher. Hier ist die Überlieferung auf fesselnde Weise zwiespältig. Zum einen warnt Samuel vor dem Königtum, weil es den Anspruch Jahwes als des alleinigen Führers seines Volkes schmälert, darüber hinaus insbesondere die seit dem Exodus mit Jahwe verbundene Befreiungstheologie. Zum anderen entspricht er dem Wunsch des Volkes, es endlich den Nachbarvölkern gleichzutun, wählt ihm seine ersten beiden Könige selbst mit Gottes Hilfe aus und salbt sie.

Saul, David, Salomon

Saul ist in erster Linie Heerkönig; nach dem Sieg über die Ammoniter wird sein Königtum in Gilgal per Akklamation erneuert bzw. bestätigt (1 Sam 11,14 f.) Er ist König über die Stämme Israels, nicht über ein Gebiet,

Samuel zum Königtum

Das wird des Königs Recht sein, der über euch herrschen wird: Eure Söhne wird er nehmen zu seinem Wagen und zu Reitern, und daß sie vor eurem Wagen her laufen, und zu Hauptleuten über tausend und über fünfzig und zu Ackerleuten, die ihm seine Äcker bebauen, und zu Schnittern in seiner Ernte, und daß sie seine Kriegswaffen und was zu seinen Wagen gehört, machen. Eure Töchter aber wird er nehmen, daß sie Salbenbereiterinnen, Köchinnen und Bäckerinnen seien. Eure besten Äcker und Weinberge und Ölgärten wird er nehmen und seinen Knechten geben. Und eure Knechte und Mägde und eure schönsten Jünglinge und eure Esel wird er nehmen und seine Geschäfte damit ausrichten. Von euren Herden wird er den Zehnten nehmen, und ihr müßt seine Knechte sein. (Sam 8,11-17)

König David mit Harfe und Musikanten in einer Initiale im Ormesby-Psalter aus dem 13. Jh.

was ihm letztlich zum Verhängnis wird: Vor der entscheidenden Schlacht gelingt es den Philistern, in der Jesreel-Ebene Aufstellung zu nehmen, die die mittelpalästinensischen Stämme von den galiläischen trennt, auf deren Heeresaufgebot Saul deshalb verzichten muß. Sein Heer wird vernichtend geschlagen, seine mit ihm ins Feld gezogenen Söhne fallen, er selbst stürzt sich, verwundet und von Feinden eingeschlossen, in sein Schwert.

Aber sein Fall wird gemäß der uns schon bekannten Geschichtstheologie durch seinen Ungehorsam begründet. Er unterliegt und fällt, weil Jahwe schon zu Samuels Lebzeiten die Hand von Saul abgezogen hat (1 Sam 15) und den Knaben David an seiner Statt zum König hat salben lassen (1 Sam 16). Den läßt Saul nun zufällig an seinen Hof holen, weil der von Gott Verlassene schwermütig wird, wogegen Davids Harfenspiel helfen soll. Er wird zum Vertrauten, steigt zum Waffenträger des Königs auf, der schöne Saulsohn Jonathan wird sein enger Freund, durch die Heirat mit Michal wird er sogar Sauls Schwiegersohn.

So verlagert sich der Schwerpunkt der Geschichte von Sauls Niedergang auf Davids Aufstieg. Nach Sauls Tod wird er König seines Heimatstaats Juda (2 Sam 2,1-4); später kommen auch die Vertreter des Nordstaats Israel; mit ihnen schließt David einen Bund und wird danach auch von ihnen zum König gesalbt (2 Sam 5,1-3), verbindet also die beiden Volksteile in Personalunion. Zudem

Das Urteil des Salomo in einem Gemälde von Valentin de Boulogne. Von den beiden streitenden Frauen spricht Salomo das Kind derjenigen zu, die es, um es nicht zu verletzen, losläßt.

Das Klagelied des Sängers David über Saul und Jonathan: »Das Bogenlied«
Die Edelsten in Israel sind auf deiner Höhe erschlagen. Wie sind die Helden gefallen!
Sagt's nicht an zu Gath, verkündet's nicht auf den Gassen zu Askalon, daß sich nicht freuen die Töchter der Philister, daß nicht frohlocken die Töchter der Unbeschnittenen.
Ihr Berge zu Gilboa, es müsse weder tauen noch regnen auf euch noch Äcker sein, davon Hebopfer kommen; denn daselbst ist den Helden ihr Schild abgeschlagen, der Schild Sauls, als wäre er nicht gesalbt mit Öl.
Der Bogen Jonathans hat nie gefehlt, und das Schwert Sauls ist nie leer wiedergekommen von dem Blut der Erschlagenen und vom Fett der Helden.
Saul und Jonathan, holdselig und lieblich in ihrem Leben, sind auch nicht im Tode geschieden; schneller waren sie denn die Adler und stärker denn die Löwen.
Ihr Töchter Israels, weinet über Saul, der euch kleidete mit Scharlach säuberlich und schmückt euch mit goldenen Kleinoden an euren Kleidern.
Wie sind die Helden so gefallen im Streit! Jonathan ist auf deinen Höhen erschlagen.
Es ist mir leid um dich, mein Bruder Jonathan: ich habe große Freude und Wonne an dir gehabt; deine Liebe ist mir sonderlicher gewesen, denn Frauenliebe ist.
Wie sind die Helden gefallen, und die Streitbaren umgekommen!
(2 Sam 1,19-27)

David von Michelangelo, Florenz, Uffizien.

erobert er Jerusalem und wird dort aus eigenem Recht Stadtkönig. Indem er die Bundeslade dorthin holt, macht er es auch zum Kultzentrum, die Stadt Gottes ist zugleich die Stadt Davids. Für zwei Generationen von etwa 1000 bis 931 v. Chr. lebt ›Israel‹ in einem Territorialstaat, deckt sich aber nicht mit ihm, da dieser auch stammesfremde Gebiete umschließt.

Getrübt wird die von Gott sichtbar gesegnete Herrschaft Davids in den letzten Regierungsjahren durch Aufstände – so im Nordreich unter Seba (2 Sam 20) und Wirren um die nicht geregelte Thronfolge, für die diverse Söhne verschiedener Frauen in Frage kommen. Absalom empört sich noch zu Davids Lebzeiten zunächst erfolgreich

David vor der Bundeslade tanzend und musizierend. Dominichino, Rom 1628. San Silvestro al Quirinale.

Modell der Bundeslade.

Der bedeutende Alttestamentler Martin Noth hat 1930 in Analogie zu griechischen (Delphi) und italischen Bünden die zwölf Stämme Israels und ihren Zusammenhang als Amphiktyonie (gr. = Bund der Umwohnenden) gedeutet. Wie die griechischen Stadtstaaten sich zu zwölft um das zentrale Heiligtum Delphi vereinigt haben, um es im monatlichen Wechsel zu unterhalten, haben sich die israelischen Stämme nach der Seßhaftwerdung um das Heiligtum der Lade Jahwes formiert. Die Herkunft von einem Stammvater Israel und seinen zwölf Söhnen, die die Namen der späteren Stämme tragen, wäre historisch wie ethnologisch ohne Beispiel und stellt daher eine späte ätiologische Legende dar.

Die Beziehung der tragbaren Lade zum Jahwekult ist völlig unklar, Deutungen reichen von einem Thron für den unsichtbaren Gott bis zum Behälter für Götterfiguren oder Schriften. Vielleicht ist sie kanaanitischen Ursprungs und wurde auf Jahwe umgewidmet. Sie wurde in Kriegszügen mitgeführt, ging einmal an die Philister verloren; David überführte sie in seine neue Hauptstadt Jerusalem, und Salomo stellte sie in den Tempel, mit dessen Zerstörung sie dann spätestens 587 v. Chr. untergegangen ist. In dieser späten Zeit hat sie dann die geistreiche Umdeutung zum Schrein für die Gesetzestafeln mit den Zehn Geboten erfahren – Gott ist allein in seinem Wort anwesend, an den Sinai gebunden wird sie wortwörtlich zur Bundeslade. In den älteren Berichten ist mit der Lade Jahwe selbst physisch ge-

Die zwölf Stämme Israels, hier auf einer israelischen Briefmarkenserie aus den Jahren 1965/66.

Der heilige Geist kommt über die zwölf Jünger. Das zu Pfingsten gefeierte Ereignis in einer Darstellung aus dem berühmten Emaille-Altar des Nikolaus von Verdun in Klosterneuburg, Österreich.

genwärtig, heilvoll oder unheilvoll, Freude oder Schrecken verbreitend. An diesen vielfach bezeugten numinosen Charakter knüpft der Spielberg-Film »Jäger des verlorenen Schatzes« (1980) an.

Noths Amphiktyoniethese, die fast 50 Jahre lang als gesichert galt, wird heute aufgrund der Quellenkritik und der derzeit erheblich späteren Datierung des Jahwe-Monotheismus kaum noch vertreten. Die mythische Größe ›Israel‹ (= Streiter Gottes) ist mit dem allgemein bei den Semiten verehrten Obergott El gebildet und gerade nicht mit dem exklusiven Jahwe. Von einigen Forschern wird sogar angenommen, daß lediglich die Stämme des Israel genannten Nordreichs so bezeichnet wurden und daß die Einbeziehung auch des Südreichs Juda in eine mythische Gesamtkörperschaft ›Israel‹ erst nach dem Ende des Nordreichs 722 v. Chr. stattgefunden hat.

Die Preisgabe der Nothschen These vermag allerdings nicht die bis ins Neue Testament hinein feste Zwölfzahl – zwölf Apostel als Vertreter des neuen Israel – und die ebenso feste Überlieferung der Namen von Stämmen erklären, die historisch keine Rolle mehr spielen: Ausgerechnet zu dem nach Jakobs Erstgeborenem Ruben benannten Stamm gibt es keine sicheren historischen Nachrichten. Warum sollte man dergleichen in der Königszeit ohne erkennbare Funktion erfinden? Und warum sollte Juda den Namen des untergegangen Staates Israel als Übernamen annehmen? »Wir wissen heute weniger als Alt und Noth« (Gunneweg, s. S. 31).

Ein Salomonisches Urteil zum plötzlichen Kindstod
Zu der Zeit kamen zwei Frauen zum König und traten vor ihn. Und das eine Weib sprach: Ach, mein Herr, ich und dies Weib wohnten in einem Hause, und ich gebar bei ihr im Hause. Und über drei Tage, da ich geboren hatte, gebar sie auch. Und wir waren beieinander, daß kein Fremder mit uns war im Hause, nur wir beide. Und dieses Weibs Sohn starb in der Nacht; denn sie hatte ihn im Schlaf erdrückt. Und sie stand in der Nacht auf und nahm meinen Sohn von meiner Seite, da deine Magd schlief, und legte ihn an ihren Arm, und ihren toten Sohn legte sie an meinen Arm. Und da ich des Morgens aufstand, meinen Sohn zu säugen, siehe, da war er tot. Aber am Morgen sah ich ihn genau an, und siehe, es war nicht mein Sohn, den ich geboren hatte.
Das andere Weib sprach: Nicht also; mein Sohn lebt, und dein Sohn ist tot. Und redeten also vor dem König.
Und der König sprach: Holet mir ein Schwert her! Und da das Schwert vor den König gebracht ward, sprach der König: Teilet das lebendige Kind in zwei Teile und gebt dieser die Hälfte und jener die Hälfte.
Da sprach das Weib, des Sohn lebte, zum König (denn ihr mütterliches Herz entbrannte über ihren Sohn): Ach, mein Herr, gebt ihr das Kind lebendig und tötet es nicht! Jene aber sprach: Es sei weder mein noch dein; laßt es teilen!
Da antwortete der König und sprach: Gebet dieser das Kind lebendig und tötet's nicht; die ist seine Mutter.
Und das Urteil, das der König gefällt hatte, erscholl vor dem ganzen Israel, und sie fürchteten sich vor dem König; denn sie sahen, daß die Weisheit Gottes in ihm war, Gericht zu halten. (1 Kön 3,16-28)

gegen seinen Vater (2 Sam 15-18). Die Ansprüche Adonias reichen noch bis nach Salomos Thronantritt, für den seine Mutter Bathseba die Salbung zu Lebzeiten Davids erkämpft (1 Kön 1-2,25).

Salomos Tempel in einer Rekonstruktion.

Salomo zeichnet sich durch Prachtentfaltung aus, wozu Tempel- und Palastbau gehören, und durch seine Weisheit. Wie auf seinen Vater, den Sänger und Harfenspieler, der Legende nach viele Psalmen zurückgehen sollen, werden ihm später Weisheitsbücher und die Dichtung des Hohen Liedes zugeschrieben (1 Kön

5,9-12 u. S. 104f., 116). Der Ruhm seiner Pracht und seiner Weisheit dringt bis ins Innere Afrikas und verlockt die Königin von Saba zu einem Besuch, bei dem sie alles noch viel prächtiger und Salomo viel weiser findet, als sie es sich vorstellen konnte (1 Kön 10,1-13). Gepriesen werden auch sein Friedensregiment, für das er aber zahlreiche Festungen bauen und mit Streitwa-

In »Der König-David-Bericht« (1972) wählt Stefan Heym die Fiktion, Salomo habe einen Schreiber Ethan, den das 1. Buch der Könige (1 Kön 5,11) beiläufig erwähnt und dem der Psalm 89 zugeschrieben wird, mit der Abfassung eines offiziellen Berichts über Aufstieg und Königtum Davids beauftragt, wobei es durchaus im Bereich des Möglichen liegt, daß man in der frühen Königszeit Geschichten über die Anfänge gesammelt hat, die dann später in den Samuel- und Königs-Büchern verarbeitet wurden. Heym tut nichts anderes, als die äußerst widersprüchlichen Berichte der Bibel als Recherchen Ethans zu erzählen: Einmal wird David schon als Knabe zum König gesalbt, kommt als Harfenspieler und Musiktherapeut des Königs an den Hof, dann besiegt er als Hirtenknabe den Goliath und begegnet so dem König, daneben kommt er als recht skrupelloser Söldnerführer, der eine Zeitlang sogar für die Philister, die Feinde Israels, kämpft, zu Reichtum und Macht. Fakten sollen geschönt werden, um die damals um David und Salomo wirklich entstehende Königstheologie – der König als der Gesalbte, der ›Messias‹, des Herrn – geschichtlich zu legitimieren. Letztlich verschwinden die Recherchen als zu brisant ungelesen im Geheimarchiv, und der in Ungnade gefallene Ethan muß froh sein, daß er überhaupt mit dem Leben davonkommt. Gelesen wurde dieses biblische Geschichte als ›Heilsgeschichte‹ desavouierende Buch des DDR-Schriftstellers jüdischer Herkunft als Kritik an der ebenso manipulativen offiziellen marxistischen Geschichtsschreibung, etwa zu Lenin und Stalin.

David tötet den Riesen Goliath mit einer Steinschleuder. Die Szene aus der Lübecker Bibel zeigt den Kampf, der Riese ist vom Stein getroffen. Nach seinem Sturz wird ihm David den Kopf abschlagen.

Die Königin von Saba besucht Salomo. Miniatur aus dem »Spiegel der menschlichen Erlösung« aus dem 15. Jh., Musée Condé in Chantilly bei Paris.

gen hochrüsten muß, und seine internationalen Beziehungen. Verdunkelt wird sein Bild außer durch die Säuberungsaktionen des Anfangs wiederum gegen Lebensende durch die mit seinem riesigen internationalen Harem begründete Vielgötterei (1 Kön 11,1-9) und durch Einführung der Fronarbeit, wodurch es zu einem Arbeiteraufstand unter dem Bauführer Jerobeam kommt (1 Kön 11,23ff.). Jerobeam flieht ins Exil nach Ägypten.

Die Reichsteilung

In dieser letzten Salomozeit liegt bereits die Reichsteilung begründet. Wie einst Samuel dem Knaben David die Königswürde verlieh, so verheißt sie jetzt der Prophet Ahia von Silo dem Jerobeam: Um Davids willen soll der Nachfolger Salomos nicht völlig verstoßen werden, aber nur das Königtum in Juda wird ihm bleiben; über die übrigen Stämme wird Jerobeam herrschen. Nach Salomos Tod verhandeln die Nordstämme – die ja schon mit David verhandelt hatten, bevor sie ihn salbten – mit seinem Sohn und Nachfolger Rehabeam über die Erleichterung der Frondienste. Die alten Diener seines Vaters raten ihm nachzugeben, die Yuppies aus seiner eigenen Umgebung hingegen empfehlen sogar eine Verschärfung der Maßnahmen mit dem sehr bildkräftigen Wort: »Mein kleiner Finger ist dicker als die Lende meines Vaters« (1 Kön 12,10). Mit dem Ruf, der schon die Losung des Seba-Aufstands war, »Was haben wir für Anteil an David?« (1 Kön 12,16; s. 2 Sam 20,1), sagen sie sich los und machen Jerobeam zum König, und Rehabeam wird lediglich in Juda König.

Da das neue Zentralheiligtum nun sozusagen im Ausland, in Judas Hauptstadt Jerusalem liegt, errichtet Jerobeam für sein Reich zwei Stierbilder an den alten Heiligtümern Bethel und Dan, sehr wahrscheinlich als Thron für Jahwe gedacht, vom Geschichtsschreiber aber als Götzendienst gedeutet. Ebenso wird ihm auch die Wiedereinrichtung von Höhenheiligtümern vorgeworfen, ein Vergehen, dessen auch sein Kollege Rehabeam von Juda bezichtigt wird.

Die späte Königszeit

Die weitere Geschichtsschreibung folgt exakt dem Schema seit der Wüsten- und vor allem der Richterzeit. Der Abfall böser Könige wird bestraft, letztlich mit dem Untergang des Nordreichs Isreal durch assyrische Eroberung 722 v. Chr., Reformen guter Könige entsprechend belohnt, dies sind vor allem Hiskia von Juda mit einer Kultreform um 700 v. Chr. und Josia mit seiner Reform von 621, von denen noch die Rede sein wird. 597 wird Jerusalem zum ersten Mal von den Babyloniern belagert; der junge König Jojachin geht mit Familie und Hofstaat zu den Feinden hinaus und kapituliert; Jerusalem bleibt unzerstört und König und Oberschicht von Stadt und Staat werden nach Babylon deportiert – laut dem Propheten Jeremia ein Strafgericht Gottes (Jer 22,24-30).

Von den Babyloniern wird Jojachins Onkel Zedekia als König eingesetzt; er schließt sich einer von Ägypten unterstützten Aufstandsbewegung gegen Babylon an. Nach gescheitertem ägyptischem Entsatz wird Jerusalem anderthalb Jahre lang belagert und im Sommer 586 erobert, geplündert und niedergebrannt. Auch der seiner Schätze beraubte Tempel Salomos fällt den Flammen zum Opfer; die Stadtmauern werden geschleift. Wieder muß die Oberschicht ins Exil, darunter wohl auch der Prophet Hesekiel; Juda wird dem babylonischen Provinzensystem eingegliedert. Die später Jeremia zugewiesenen sieben Klagegesänge sind die eines auf Jerusalems Trümmern Zurückgebliebenen.

Daß Israel im Exil nicht nur überlebt, sondern nachgerade in einer theologischen und kulturellen Hochblüte zu Jahwe und damit zu sich selbst findet, hat es den Propheten zu verdanken, die die späte Königszeit begleitet haben und die Israel im Exil und in der Zeit danach zu seiner wahren Identität jenseits der Staatlichkeit finden lassen.

Die berühmteste Darstellung der Erschaffung des Adam schuf Michelangelo (1475–1565) im Deckenfresko der Sixtinischen Kapelle in Rom. Gott führt im Wolkenmantel eine Engelschar mit sich und hält Eva im Arm.

Seit die Aufklärung begann, einen historischen Blick auf die Bibel zu werfen, mußten die eklatanten inneren Widersprüche der biblischen Bücher auffallen. Die mit Davids Aufstieg verbundenen wurden schon angesprochen; aber solche Widersprüche finden sich in den biblischen Texten von Anfang an. So wird die Erschaffung des Menschen doppelt erzählt, einmal als Spezies (1 Mose 1,26-28) rein durch das Wort, dann knetet Gott in Töpferarbeit erst Adam (1 Mose 2,7) und formt aus seiner Rippe dann Eva (1 Mose 2,21-25). Ebenso wird die Sintflut mit völlig verschiedenen Angaben zu Dauer, zur Arche, zur Rettung der Tiere doppelt erzählt (1 Mose 6-8); offensichtlich wurden hier zwei verschiedene Berichte ineinandergeschoben. Die Rettung der Stammmutter wird zweimal von Sara (1 Mose 12,10ff.; 1 Mose 20) und einmal von Rebekka (1 Mose 26) erzählt, das Heiligtum Bethel gleich mehrfach begründet (1 Mose 12,8; 28,11-22; 35,1ff.). Der junge Goethe, der schon in seiner frühen Jugend die Bibel wiederholt von Deckel zu Deckel gelesen hatte und der Zeit seines Lebens nachgerade ›bibelfest‹ war (das ist, wer alle Stellen der Bibel fast auswendig kennt, wer nur die größeren Abschnitte kennt, ist ›kapitel-

Gott läßt Adam in Schlaf fallen und aus seiner Rippe die Frau wachsen. Die Erschaffung der Eva aus der Sixtinischen Kapelle von Michelangelo.

fest‹), hat 1773 einen anonymen Aufsatz veröffentlicht: »Zwo wichtige bisher unerörterte biblische Fragen zum erstenmal gründlich beantwortet, von einem Landgeistlichen in Schwaben«. Die »Erste Frage. Was stund auf den Tafeln des Bunds?« beantwortet er damit, daß ursprünglich gar nicht die zehn Gebote auf den beiden Tafeln des Mose gestanden hätten, sondern ein im 2. Buch Mose (2 Mose 34,14-27) erhaltenes Kultgesetz, das eben keine Menschheitsethik enthält, sondern Israels Sonderverhältnis zu seinem Gott regelt. Goethe hat damit fast einhundertfünfzig Jahre lang den Beifall der alttestamentlichen Wissenschaft gefunden, bis sein ›Dekalog‹ als späte Zusammenstellung von Kultvorschriften für Laien eingeschätzt wurde. Sein Ansatzpunkt ist allerdings unbestreitbar: Wer den Rahmen des 2. Buch

In dieser französischen Buchmalerei um 1300 ist Moses dargestellt, der die Gesetzestafeln von Gott erhält. In einer zweiten Szene ist die Anbetung des Goldenen Kalbs dargestellt.

Die Zehn Gebote Goethes

1. Du sollst keinen andern Gott anbeten.
2. Das Fest der ungesäuerten Brod sollst du halten.
3. Alles was seine Mutter am ersten bricht, ist mein, was männlich seyn wird in deinem Vieh es sey Ochse oder Schaaf.
4. Sechs Tage sollst du arbeiten, am siebenten Tage sollst du feyern beydes mit Pflügen und Erndten.
5. Das Fest der Wochen sollst du halten mit den Erstlingen der Waizenerndte, und das Fest der Einsammlung, wenn das Jahr um ist.
6. Dreymal im Jahr sollen alle Mannsnamen erscheinen vor dem Herrn.
7. Du sollst das Blut meines Opfers nicht opfern auf dem gesäuerten Brod.
8. Das Opfer des Osterfests soll nicht über Nacht bleiben.
9. Das Erstling der Früchte deines Ackers sollst du in das Haus des Herrn bringen.
10. Du sollst das Böcklein nicht kochen, wenns noch an seiner Mutter Milch ist.

Angeregt von einer deutschen Übersetzung von Gedichten des persischen Dichters Hafis (1326–1390) schuf Goethe vor allem 1814 und 1815 Gedichte im orientalischen Stil, den 1819 erschienenen »West-Östlichen Divan«. In den dem Lyrikteil beigegebenen »Noten und Abhandlungen zu besserem Verständniß des West-Östlichen Divans« geht Goethe auch auf seine frühen Bibelstudien ein, in denen sich ihm unter Anleitung Herders die Bibel als frühe orientalische Poesie erschlossen hatte. Neben Herder war auch der 1775 bis 1788 in Jena orientalische Sprachen lehrende Theologe Johann Gottfried Eichhorn, einer der Begründer der historisch-kritischen Bibelexegese, für Goethes Sicht des Alten Testaments wichtig. Goethe beginnt seine Einführung in die orientalische Dichtung mit den »Hebräern«: »Naive Dichtkunst ist bey jeder Nation die erste, sie liegt allen folgenden zum Grunde; je frischer, je naturgemäßer sie hervortritt, desto glücklicher entwickeln sich die nachherigen Epochen.

Da wir von der orientalischen Poesie sprechen, so wird nothwendig der Bibel, als der ältesten Sammlung, zu gedenken. Ein großer Theil des Alten Testaments ist mit erhöhter Gesinnung, ist enthusiastisch geschrieben und gehört dem Felde der Dichtkunst an ... Beyspiels willen jedoch gedenken wir des Buches Ruth, welches bey seinem hohen Zweck, einem würdigen Könige von Israel anständige, interessante Voreltern zu verschaffen, zugleich als das lieblichste kleine Ganze betrachtet werden kann, das uns episch und idyllisch überliefert worden ist.

Wir verweilen sodann einen Augenblick bei dem hohen Lied, als den zartesten und unnachahmlichsten was uns von Ausdruck leidenschaftlicher, anmuthiger Liebe zugekommen. Wir beklagen freylich daß uns die fragmentarisch durcheinander geworfenen, übereinander geschobenen Gedichte keinen vollen reinen Genuß gewähren, und doch sind wir entzückt uns in jene Zustände hinein zu ahnden, in welchen die Dichtenden gelebt.«

Er fügt dann in den »Divan«-Anhang einen schon im Wesentlichen 1797 entstanden Aufsatz zum 2. bis 5. Buch Mose ein. Darin heißt es: »Hier fragen wir nun, ehe wir weiter gehen und uns durch sonderbar, ja unglücklich redigirte Bücher mühsam durcharbeiten; was wird uns denn als Grund, als Urstoff von den vier letzten Büchern Mosis übrig bleiben, da wir manches dabey zu erinnern, manches daraus zu entfernen für nöthig finden?

Das eigentliche, einzige und tiefste Thema der Welt- und Menschengeschichte, dem alle übrigen untergeordnet sind, bleibt der Conflict des Unglaubens mit dem Glauben ... Die vier letzten Bücher Mosis haben, wenn uns das erste den Triumph des Glaubens darstellte, den Unglauben zum Thema, der, auf die

Joseph Karl Stieler schuf sein Goethe-Portrait 1828 für Ludwig I. von Bayern.

kleinlichste Weise, den Glauben, der sich aber freylich auch nicht in seiner ganzen Fülle zeigt, zwar nicht bestreitet und bekämpft, jedoch sich ihm von Schritt zu Schritt in den Weg schiebt ...

Wenn uns das Ungemüthliche dieses Inhalts, der, wenigstens für den ersten Anblick, verworrene, durch das Ganze laufende Grundfaden unlustig und verdrießlich macht, so werden diese Bücher durch eine höchst traurige, unbegreifliche Redaction ganz ungenießbar. Den Gang der Geschichte sehen wir überall gehemmt durch eingeschaltete zahllose Gesetze, von deren größten Theil man die eigentliche Ursache und Absicht nicht einsehen kann, wenigstens nicht warum sie in dem Augenblick gegeben worden, oder, wenn sie spätern Ursprungs sind, warum sie hier angeführt und eingeschaltet werden. Man sieht nicht ein, warum bey einem so ungeheuren Feldzug, dem ohnehin so viel im Wege stand, man sich recht absichtlich und kleinlich bemüht, das religiöse Ceremonien-Gepäck zu vervielfältigen, wodurch jedes Vorwärtskommen unendlich erschwert werden muß.

Um mich nun in diesem Labyrinthe zu finden, gab ich mir die Mühe, sorgfältig zu sondern, was eigentliche Erzählung ist, es mochte nun für Historie, für Fabel, oder für beides zusammen, für Poesie gelten. Ich sonderte dieses von dem was gelehret und geboten wird.« Indem Goethe die genannten Stationen der »Caravane« auf die wirklich durch Geschehnisse gefüllten reduziert, einen geographisch vertretbaren Weg rekonstruiert und den samt Pausen zeitlich nachrechnet, kommt er auf weniger als zwei Jahre, in denen der Jordan erreicht werden konnte.

»Kein Schade geschieht den heiligen Schriften, so wenig als jeder anderen Überlieferung, wenn wir sie mit critischem Sinne behandeln, wenn wir aufdecken, worin sie sich widerspricht, und wie oft das Ursprüngliche, Bessere, durch nachherige Zusätze, Einschaltungen und Accommodationen verdeckt, ja entstellt worden. Der innerliche, eigentliche Ur- und Grundwerth geht nur desto lebhafter und reiner hervor.«

Die Haggada-Illustration zeigt Mose, von Flammen umlodert, wie er die Gesetzestafeln auf dem Berg Sinai in Empfang nimmt. Unter ihm das Volk Israel.

Mose (2 Mose 19,17-25 und 20,18 ff.) unbefangen liest und dann noch sagen kann, wer – Gott, Mose, Aron, die Priester, das Volk – sich wann wo befunden haben mag, als Gott die zehn Gebote erlassen haben soll, muß eine rege Phantasie haben. Goethe hat also insofern recht gehabt, als im 2. Buch Mose (2 Mose 20) die Zehn Gebote nicht ursprünglich sind (s. dazu S. 90 f.).

Das Vierquellen-Modell

Alle diese hier von Goethe genannten und zahllose weitere Widersprüche schienen durch eine viele Jahrzehnte lang gültige Erklärung von großer Evidenz und Stringenz für immer gelöst. Wegen seiner langen Geltungsdauer und Plausibilität sei es hier kurz referiert, das Vierquellen-Modell.

Schon früh war aufgefallen, daß im Pentateuch zwei Gottesbezeichnungen nebeneinander stehen, ›Jahwe‹ und ›Elohim‹. Dabei ergab sich, daß man schon anhand dieses Kriteriums zwei Textschichten sondern konnte, denen man ›Autoren‹ mit den Notnamen ›Jahwist‹ und ›Elohist‹ zuordnete. Aufgrund der Erzählinhalte setzte man ersteren um 950 v. Chr. in der Regierungszeit Salomos an: Der auf dem Höhepunkt seiner Macht und Ausdehnung befindliche Davidsstaat versichert sich seiner Vorgeschichte in einem epischen Großwerk der Menschheitsgeschichte, das von der Paradiesesgeschichte (1 Mose 2,5) über die Väter- und Mosesgeschichten bis zur Landnahme reichte. Der Elohist wurde um 800 v. Chr. angesetzt; er wird sein Geschichtswerk mit der Berufung Abrahams begonnen haben. Beide Geschichtswerke wurden dann von einem nach den Konsonanten des einen und den Vokalen des anderen ›Jehowisten‹ genannten Redaktor ineinander gearbeitet, wobei dieser stärker dem früheren Text gefolgt ist. Einen eigenständigen Gesetzesteil sah man in dem nach dem 5. Buch Mose (5 Mose 17,18) in der LXX sogenannten ›Deuteronomion‹ (= Abschrift des Gesetzes), das nach dem 2. Buch der Könige (2 Kön 22-23) unter König Josia vom Hohepriester Hilkia im Tempel gefunden worden sein soll und den Refor-

Lilith
Daß im 1. Buch Mose (1 Mose 1,27) die Schöpfung von Mann und Frau erzählt wird und 2,7 noch einmal die Schaffung Adams aus dem Lehm der Erde, wurde traditionell so ausgeglichen, daß die zweite Erzählung nur die näheren Einzelheiten zur ersten nachtrug. Schwierigkeiten bereitete bei dieser Auffassung lediglich die ebenso erzählte Erschaffung Evas in einem deutlichen zweiten Arbeitsgang (1 Mose 2,20-24), hatte doch der Mensch laut 1 Mose 1,27 von vornherein eine Gefährtin. Dies führte zur Sage von Lilith, der ersten Frau Adams, die Goethe Faust und Mephisto in der Walpurgisnacht auf dem Hexentanzplatz erscheinen läßt (Verse 4118-4123). In Goethes Quelle ist sie bald nach ihrer Schöpfung zu einer Zauberin und Teufelin geworden, die vor allem Männern und jungen Müttern und ihren neugeborenen Kindern nachstellt. Das machte die Erschaffung einer neuen Gefährtin für Adam aus seiner Rippe erforderlich.

men Josias von 621 zugrundegelegen hat. Sein Kernbestand findet sich im 5. Buch Mose (5 Mose 12-26).

Im Exil und/oder danach entstand dann ein weiteres großes Geschichtswerk, das mit der Weltschöpfung (1 Mose 1-2,4) einsetzte. Wegen seines großen Interesses an Fragen des Kults – vgl. Goethes Kritik am unnötig aufgehäuften »religiösen Ceremonien-Gepäck« – wurde es die ›Priesterschrift‹ genannt. Sie erzählt erheblich abstrakter und formelhafter als die älteren Quellen; man vergleiche nur den priesterschriftlichen Schöpfungsbericht (1 Mose 1-2,4) mit dem ›jahwistischen‹ (1 Mose 2,5-25). Ihrer redaktionellen Verschmelzung mit der jehowistischen Redaktion verdanken sich etwa die zweimalige Erschaffung der Menschen oder die Dubletten in der Noah-Geschichte.

Daß bei den Redaktionen und der Tradierung der einzelnen Schichten in rund 750 Jahren auch weiteres Material in den Text aufgenommen werden konnte, versteht sich von selbst. Auch ist die Vorgeschichte einzelner Textgruppen, wie etwa der Urgeschichte, der Vätersagen oder in Form von Ortssagen bei der Wüstenwanderung nicht berücksichtigt.

Kritik am Vierquellen-Modell im letzten Drittel des 20. Jahrhunderts

Dieses fast hundertfünfzig Jahre lang gültige Vierquellenmodell hat in den letzten dreißig Jahren von zwei Seiten her Kritik erfahren. Zum einen kam es in der neueren Textanalyse zu dem, was man die Destruktion des Pentateuchrahmens genannt hat: Die im wesentlichen vom ›Jahwisten‹ gestifteten Zusammenhänge erwiesen sich als späte Konstruktionen; Mose wurde zur fernen Sagengestalt und die an ihn gebundenen Komplexe Exodus, Gotteserscheinung am Sinai und Gesetzgebung erscheinen plötzlich als getrennte, in ihrer Chronologie völlig unbestimmte Vorgänge. Daß die Abfolge der Erzväter Abraham-Isaak-Jakob als Großvater-Vater-Sohn eine willkürlich geschaffene Ordnung darstellte, ist längst Gemeingut; nomadische Sippengötter, der Gott Abrahams, der Gott Isaaks, der Gott

Jakobs wurden durch dieses Verfahren zu einem Vätergott synthetisiert. Lokale Differenzen sind noch greifbar: Zu Abraham gehört das Heiligtum Mamre bei Hebron im Süden, wo auch Isaak im Umkreis der Stadt Gerar heimisch ist, während die Jakobsleute vom Ostjordanland kommend später bei den Jakobsheiligtümern Bethel und Sichem gesiedelt haben.

Der andere Angriffspunkt war ein religions- oder theologiegeschichtlicher. Konnte man bislang fast von einem Ur-Monotheismus der biblischen Schriften ausgehen (1 Mose 4,26) oder ihn zumindest bei Abraham oder Mose ansetzen, so erwies sich jetzt, daß dieses als so charakteristisch für Israel oder gar die ›mosaische Religion‹ angesehene Merkmal erst ausgesprochen spät erscheint und sich mühsam gegen den Polytheismus durchsetzen muß. Die ganze Geschichtskonstruktion des Enneateuchs als eine Geschichte des Abfallens von Jahwe und der wiederholten Heimsuchungen als ›Heim‹-Suchung durch ihn muß sozusagen gegen den Strich gelesen werden, nicht als Stufen, die jeweils von

›Sch'ma Israel‹ ›Höre Israel‹

Höre Israel, Jahwe, unser Gott, Jahwe ist einer! Und du sollst den Herrn, deinen Gott, liebhaben von ganzem Herzen, von ganzer Seele, von allem Vermögen. Und diese Worte, die ich dir heute gebiete, sollst du zu Herzen nehmen und sollst sie deinen Kindern einschärfen und davon reden, wenn du in deinem Hause sitzest oder auf dem Wege gehst, wenn du dich niederlegst oder aufstehst, und sollst sie binden zum Zeichen auf deine Hand, und sollen dir ein Denkmal vor deinen Augen sein, und sollst sie über deines Hauses Pfosten schreiben und an die Tore. (5 Mose 6,4-9)

Und einer unter ihnen, ein Schriftgelehrter, versuchte ihn und sprach: Meister, welches ist das vornehmste Gebot im Gesetz? Jesus aber sprach zu ihm: »Du sollst lieben Gott, deinen Herrn, von ganzem Herzen, von ganzer Seele, von allem Vermögen.« Dies ist das vornehmste und größte Gebot. Das andere aber ist ihm gleich: »Du sollst deinen Nächsten lieben wie dich selbst.« In diesen beiden Geboten hängt das Gesetz und die Propheten. (Mt 22,35-40)

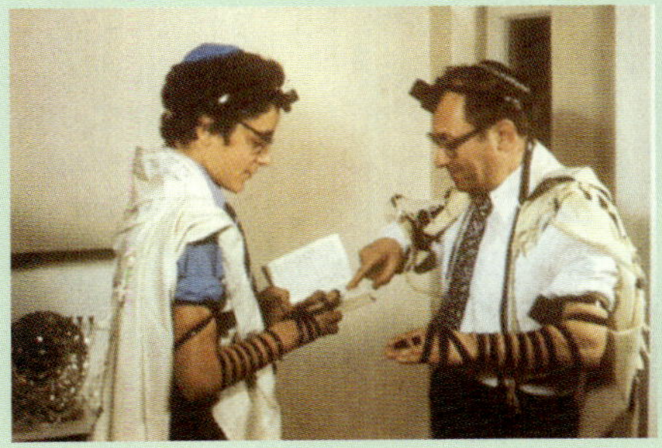

Jüdischer Junge mit Tefillin auf der Stirn und an den Armen, Leder-Kästchen, die Bibelverse aus der Thora enthalten.

dem einen Gott wegführen, sondern die im Gegenteil vom gängigen antiken Polytheismus und Synkretismus (man verehrt sicherheitshalber gleich alle Götter) zu ihm hinführen, wobei auch noch zwischen Monolatrie und Monotheismus unterschieden werden muß: Bei der ersteren mag es durchaus andere Götter geben, aber verehren darf man nur den einen, beim letzteren gibt es nur den einen Gott. Das ›Sch'ma Israel‹, ›Höre, Israel‹, das berühmte Bekenntnis und Gebet, das der gläubige Jude täglich betet, mit dem Juden in den Vernichtungslagern in den Tod gegangen sein sollen und das Jesus an entscheidender Stelle zitiert, hat eine doppelte Bekenntnisrichtung: »1. Jahwe, der Gott Israels, ist für Israel der einzige Gott, er läßt sich nicht mit der Verehrung anderer Götter und Göttinnen kombinieren und synkretistisch in ein Pantheon einbauen (Monolatrie); und 2. Jahwe, der Gott Israels, ist für ganz Israel ein und derselbe Gott, er kann nicht in verschiedene lokale Kultformen, etwa als Jahwe-Zebaoth (Gott der Heerscharen) von Jerusalem, als Jahwe von Bethel, Samaria oder Hebron aufgespalten werden (Monojahwismus). Beide Maximen der Formel sind funktional auf die religiös-nationalen Erneuerungsbestreben der Josiazeit bezogen. Die Einzigkeit Jahwes sollte die Identität Israels gegen alle fremdkulturellen Einflüsse von außen, die Einheit Jahwes das Zusammengehörigkeitsgefühl der Nation nach innen jenseits aller geschichtlich gewachsenen Differenzen sichern.« (R. Albertz) Beispielsweise heißt das ganz konkret, Josias große Reform von 621 war keine Rückkehr zu Jahwe, wie erzählt wird (2 Kön 22-23), sondern eine Hinwendung zu seiner ausschließlichen Verehrung; die Höhenheiligtümer, die gemäß dem 5. Buch Mose (5 Mose 12,13) von Josia abgeschafft werden (2 Kön 23,8), waren keine späte Entartung, sondern uralter Brauch, gegen den es erstmals die Jahwe-Monolatrie durchzusetzen galt. Das Deuteronomium war ja auch

Ölbäume im Garten Gethsemane auf dem Ölberg von Jerusalem.

kein altes Buch, das man, wie erzählt wird (2 Kön 22,8 ff.), im Tempel wiedergefunden hatte – was zur Zeit meines Theologiestudiums in den sechziger Jahren noch als historisch möglich galt –, sondern es wurde jetzt erst zusammengestellt und mußte noch durchgesetzt werden; es wies nicht, wie erzählt wird, zurück auf einen früheren Monotheismus, sondern nach vorn auf einen zukünftigen.

Neuere Theorien zu Pentateuch und Enneateuch

Eine Theorie zur Entstehung der zentralen Geschichtsbücher in der Hebräischen Bibel, die sich breiter Anerkennung erfreute, gibt es derzeit nicht. Auf der Basis eines einheitlich überlieferten späten Textes mit einigen Seitenüberlieferungen in der LXX, im Kairoer Handschriftenfund und in Qumran gilt es anhand literarischer und inhaltlicher Kriterien im Schnitt zweieinhalbtausend Jahre zurückliegende Ereignisse zu rekonstruieren, die sonst keine Spuren hinterlassen haben, außer daß etwa die Regierungszeiten von Königen im Nordreich Israel und im Südreich Juda durch Israels Einordnung – als Verlierer – in die Weltgeschichte feststehen.

Ein stringentes Beispiel für das derzeitige sokratische Wissen, daß wir nichts wissen, ist die Josephs-Novelle (s. S. 39 f.), welche die einen als Teil der Vätergeschichten in die Frühzeit um 700 v. Chr. rücken, während andere sie als sehr spät einschätzen, da sie als Bindeglied zwischen den Vätergeschichten und der Mose-Tradition im Grunde den entwickelten Pentateuchrahmen voraussetzt und inhaltlich eine ›Weisheitserzählung‹ sei: Ein junger Mann geht aufgrund seiner Gottesfurcht, seines Gottvertrauens, seiner intellektuellen und geschäftlichen Fähigkeiten, seiner Eloquenz, seiner tadellosen Manieren und seines gewinnenden Auftretens seinen Weg bis in höchste Ämter. Insofern könnte man die Entstehung einer solchen Weisheitsnovelle auch einer modernen Managerakademie zuschreiben, wäre sie nicht schon in der LXX belegt.

Für die Geschichte Israels gibt es neben archäologischen Zeugnissen und Bezügen zu den Geschichtsdokumenten der Nachbarvölker natürlich den Enneateuch, der sich als – wenn auch theologisch fundierte – Geschichtsschreibung begreift. Die Herabdatierung wichtiger Teile um fast ein halbes Jahrtausend hat natürlich auch unsere Sicht auf die Geschichte Israels stark verändert; man denke etwa an das oben (S. 48 f.) zur ›Amphiktyonie‹ Gesagte. Als Folie für alles Vorige und Weitere sei hier eine Skizze zu dieser Geschichte eingeschaltet, die der »Geschichte Israels« von A.H.J. Gunneweg folgt.

Geographisch ist die Geschichte Israels dadurch bestimmt, daß Palästina und Syrien die Landbrücke zwischen Ägypten und Mesopotamien und Kleinasien bilden. Eine Chance auf Selbständigkeit gab es nur, wenn zwischen den mächtigen Nachbarn im Südwesten und Nordosten Gleichgewicht herrschte. Um 1200, wenn Israel als historische Größe greifbar wird, verfällt Ägypten und mit ihm seine Oberhoheit über Kanaan. Gleichzeitig dehnt sich das Mittlere assyrische Reich aus und erobert um 1100 Syrien.

Eine Gegenbewegung hierzu bildet die einige Zeit vorher einsetzende Aramäische Wanderung. Nomadische und halbnomadische Verbände dringen aus der Steppe ins Kulturland ein und werden nach und nach seßhaft, auch in Syrien dringen semitische Aramäer ein.

Die Entstehung des alttestamentlichen Israel ist als Teil der Aramäischen Wanderung anzusehen, in deren Zug sich auch Israels östliche Nachbarn wie Ammon, Moab und Edom formieren. Grob parallel dazu gibt es eine Bewegung sogenannter Seevölker, die u.a. die Minoische Kultur auf Kreta zerstört und in deren Zug sich die Philister, eine Zeitlang die wichtigsten Feinde Israels, in der südwestlichen Küstenebene Palästinas ansiedeln.

Kanaan besteht in dieser Zeit aus kleinen Stadtstaaten, zu denen jeweils eine kleine Stadt mit Mauer und Burg wie einige umliegende Dörfer gehören. Das kanaanäische Jerusalem bis zur Davidszeit maß etwa 100 Meter x 400 Meter. Die

Hirte mit seiner Herde auf den Golan-Höhen. Jesus nannte sich selbst »der gute Hirte«.

Das Reich Davids.

Nomaden oder Halbnomaden hatten im Zuge des jahreszeitlich bedingten Weidewechsels – Aussaat ist im Herbst, Regenzeit im Winter, Ernte im Frühjahr; der Sommer ist eine Trockenperiode – immer schon regelmäßig Kontakt mit dem Kulturland. Dorthin, auf die abgeernteten Äcker, werden im Sommer die Schafherden der Kleinviehnomaden getrieben, sie düngen sie damit zugleich für die Saatperiode im Herbst. ›Landnahme‹ ist zunächst das völlig unkriegerische Einsickern und Ansässigwerden solcher Nomaden in Leerräumen zwischen den Stadtstaaten. Sagen wie die von der Eroberung Jerichos durch den Schall der Posaunen (Jos 6) sind dadurch entstanden, daß man vorgefundene Stadttrümmer aus viel älterer Zeit ätiologisch erklären wollte.

»Die Geschichte Israels begann in Kanaan« (Gunneweg): Hier formieren sich Sippen zu lockeren Großverbänden, ›Stämmen‹, innerhalb derer gehandelt und geheiratet wird und außerhalb derer man ›Fremdling‹ ist. Ethnisch sind diese Stämme durchaus heterogen. Entscheidende Einblicke gewann man, als man die vor allem im Exodus mehrfach bezeugte Selbstbezeichnung ›Hebräer‹ sprachlich mit den aus verschiedenen Regionen bezeugten ›Chabiru‹ in Verbindung brachte (die Konsonanten sind dieselben), die keine ethnische Gruppe sind, sondern landlose Leute, in einer agrarischen Gesellschaft Personen minderen Rechts, bis hin zu ›outlaws‹. Sie sind als Tagelöhner, Fronarbeiter, Söldner und dergl. bezeugt, und eben auch als »Hebräer« in Ägypten, die unter Ramses II. (1290–1223) Steine für den Festungsbau schleppen müssen, was man mit dem 2. Buch Mose (2 Mose 1,11) in Verbindung bringen könnte.

Eine solche Gruppe mag dann mit kanaanäischen ›Chabiru‹ in Kontakt gekommen sein und ihnen von ihrem Gott berichtet haben, der sie aus Ägypten befreit hat. Eine andere Gruppe hat einen Gott erfahren, der sie in einer Kriegsaktion gegen überlegene Streitwagentruppen zum Siege führte. Das Lied der Mirjam gilt als Urform aller späteren Preislieder: »Die Prophetin Mirjam, die Schwester Aarons, nahm die Handtrommel in ihre Hand; alle Frauen zogen hinter ihr heraus mit Handtrommeln und Reigentänzen. Und Mirjam sang ihnen zu: Singet Jahwe! Ja, hoch erhob er sich, Roß und Wagenführer warf er ins Meer.« (2 Mose 15,20 f.)

Eine andere Gruppe kann als grundlegende Erfahrung auf ihrer Wanderung eine Theophanie erlebt haben, eine lebendige Gotteserscheinung, die sich völlig unabhängig von Exodus und Gesetzgebung als Bundesschluß vollzogen hat: Gott erscheint im donnernden Feuer, und die Gotteserscheinung wird als Gottesbegegnung empfunden, die Gottesherrschaft stiftet. Losgelöst von allen anderen Traditionen begegnet sie etwa im 5. Buch Mose, dem Buch der Richter (5 Mose, 33,2; Ri 5,4 f.). In den Psalmen (Ps 68,8 f.) wird Gott geradezu »der vom Sinai« genannt. Die Gruppe, die diese Jahwe-Begegnung zum allgemeinisraelischen Erbe beigetragen hat, muß sie südlich vom Golf von Akaba gemacht haben, wo es in biblischer Zeit Vulkanismus gab. Mose trägt einen Namen, der als Teil ägyptischer Personennamen bezeugt ist; deshalb wird er wohl ursprünglich allein mit dem Exoduserlebnis verbunden gewesen sein. Die Rettung am Schilfmeer, das Erscheinen der Majestät Gottes und die Gesetzgebung sind ihm später erst zugewachsen.

Seßhaft werdende Nomaden unterschiedlicher Herkunft vermischen sich so mit den landlosen Chabiru der Regionen. Grob kann man sagen, daß die nördlichen galiläischen Stämme aus Chabiru hervorgegangen sind, die sich so von der stadtstaatlichen Vorherrschaft befreien konnten. Die Stämme Joseph und Benjamin sind wohl aus der östlichen Steppe ins Kulturland eingesickert und haben sich dann durch Rodung nach Norden ausgebreitet; auch die Südstämme dürften eher von eingewanderten Nomaden gebildet sein.

Die Chiffre ›Exodus‹, die zu einem zentralen Glaubensinhalt Israels wird, bezeichnet demnach sowohl einen örtlichen Zug aus der Sklaverei in die Freiheit wie einen sozialen Exodus aus der Fronexistenz, der Botmäßigkeit in die Unabhängigkeit. Der Exodus erfolgt also von außen nach innen und von innen nach außen. Der Gegensatz ›Israel-Kanaan‹ ist zum einen der zwischen Zugewanderten und Ureinwohnern, zum anderen der zwischen den sozial Deklassierten und den Angehörigen der Stadtherrschaft, bei dem sich die ›Neuankömmlinge‹ mit den lokalen ›outlaws‹ gegen die ›Herrschenden‹ verbanden. Zugleich verfällt die Macht der kleinen Stadtstaaten; außer ›Israel‹, das um 1220 erstmals auf einer ägyptischen Stele als Volk erwähnt wird, bilden sich auch die größeren Einheiten Ammon, Moab und Edom.

Frühe Formen eines größeren Zusammenschlusses der Stämme könnten bei den Chabiru von Galiläa und deren gemeinsamer Abwehr des feudalen Rittertums (Streitwagenkultur) der sie bedrückenden Oberschicht entstanden sein. Die etwa im Buch Josua (Jos 11,1 ff.) und Richter (Ri 1,1 ff.) berichteten kriegerischen Aktionen könnten mit späten Kämpfen gegen Reste der Stadtkönigtümer zu tun haben, wobei meist nur vom Stamm Benjamin die Rede ist.

In dieser frühen Zeit ›Israels‹ als einer wie auch immer über die in Kanaan entstandenen Stämme hinausgehenden Einheit ist die Sprache das Hebräisch Kanaans, der verehrte Gott El ein kanaanitischer Obergott, die Heiligtümer kanaanäischen Ursprungs, die Feste kanaanäische Erntefeste; Isra-El selbst trägt einen El-haltigen Namen. Einzig das Passafest ist womöglich ein nomadisches Fest anläßlich des Weidewechsels und seiner Gefahren; erst sehr viel später wird es zum zentralen Exodus-Fest.

Dieser Zusammenschluß aus eingesickerten Fremden und rechtlosen Einheimischen wurde durch das Hinzukommen der Ägyptengruppe und der Theophaniegruppe vom Vulkan ›Sinai‹ sowie der Schilfmeergruppe zu Jahwe hin theologisiert; dabei handelt es sich unter Umständen um die Rahel-Stämme. In einem spannungsvollen Prozeß wuchsen der kanaanitische stationäre El – dann Gott der älteren Lea-Stämme –, der kriegerisch umherziehende Jahwe der Wandergruppen und die diversen Sippen- und Vätergötter eines Abraham, eines Isaak und eines Jakob zusammen, und die zyklischen Erntefeste wurden in Gedenktage für ›historische‹ Ereignisse aus der ›Geschichte‹ ›Israels‹ umfunktioniert. Josua, die erste Gestalt mit einem Jahwe-haltigen Namen (›Jahwe hilft‹), ist ein charismatischer Gotteskrieger, und das als Abschluß dargestellte Bundesfest in Sichem bewahrt vielleicht eine Erinnerung an die erste Proklamation Jahwes als Gott für ganz Israel, dessen Einzigkeit für Israel oder gar als Weltgott sich dann bis ins Exil hinein mühsam entwickelt.

Die Amphiktyonie – Gunneweg behält die Bezeichnung bei – ist Träger eines Gottesrechts, und die »Richter Israels« hüten und bewahren es; die feste Formel »Schandtat in Israel« oder »So etwas tut man nicht in Israel« bewahrt alte Rechtssprüche (1 Mose 34,7; 5 Mose 22,2; Ri 20,6; 2 Sam 13,12; Jer 29,23).

Das »Münsteraner Pentateuchmodell« nach P. Weimar und E. Zenger

Vor/um 700 Sammlung einzelner Geschichten (Urgeschichte, Erzväter, Exodus, ›Josua‹, d.h. Landnahmesagen. Gesetzessammlungen: »Bundesbuch« (= 2 Mose 20,23-23,19); Urfassung des 5. Buch Mose (5 Mose 12-26)
Nach 650 Jerusalemer Geschichtswerk (Hexateuch: 1 Mose 2,4b-Jos 24)
Um 600 5. Buch Mose 5-28; Sammlung von »Richter«-Geschichten im Sinne der deuteronomistischen Reform, desgleichen von Geschichten aus dem späteren Samuel/Königs-Komplex
Nach 586 Großes Exilisches Geschichtswerk (Enneateuch: 1 Mose 2,4b-2 Kön 24)
Nach 520 Priesterschriftliches Werk (1 Mose 1,1 bis 3 Mose 9,24 bzw. 5 Mose 34,8)
Nach 450 Großes Nachexilisches Geschichtswerk (Enneateuch, 1 Mose 1,1 bis 2 Kön 23)
Um 400 Trennung des Pentateuchs, der eigentlichen Thora, von den Vorderen Propheten (s. S. 14)

Als weiteres Pentateuchmodell sei das von E. Blum vorgestellt: »Studien zur Komposition des Pentateuch«. Ihm hat sich Rainer Albertz in seiner methodisch innovativen »Religionsgeschichte Israels in alttestamentlicher Zeit« angeschlossen.

Vor 700 Ältere Erzählkreise zu den Erzvätern; Mose-Geschichten
7. Jhdt. v. Chr. Urgeschichte; Moseerzählung
Exilszeit Erzelterngeschichten; Deuteronomistisches Geschichtswerk (5 Mose, Josua, Richter, Samuel, Könige)
Ende 6. Jhdt. v. Chr. Die Mose-Erzählungen des 7. Jhdt. verschmelzen mit dem deuteronomistischen Geschichtswerk zur Vorform des Enneateuch aus der Vorform des Pentateuch (2 Mose bis 5 Mose) und den Geschichtsbüchern Richter bis Könige.
Um 500 v. Chr. In der »Priesterlichen Komposition« treten die »Urgeschichte« aus dem späten 8. Jhdt. und die Erzvätergeschichten aus der Exilszeit vor die Exoduserzählung und bilden so als erzählerisches Kontinuum den Enneateuch aus Proto-Pentateuch und den »Vorderen Propheten«, d.h. den Geschichtsbüchern von Richter bis Könige. Als noch spätere Erweiterungen bei weiteren Redaktionen werden 1 Mose 15 sowie 2 Mose 4 u. 18 genannt.

Nach dem »Münsteraner Modell« läge also das große geschichtstheologische Werk, das auf S. 32-53 skizziert wurde, um 450 v. Chr. vor, nach E. Blum bereits um 500.

Religionsgeschichte Israels nach Rainer Albertz

Der Ansatz, den Albertz seit seiner Habilitation in Heidelberg 1977 verfolgt, ist der einer sozialgeschichtlich fundierten Geschichte der Religion oder auch der Frömmigkeit. Der Alttestamentler Hermann Gunkel (1862–1932) hatte bei der wissenschaftlichen Behandlung möglicher vorliterarischer Einheiten erstmals nach deren ›Sitz im Leben‹ gefragt, ohne den sie nicht tradiert worden wären, und hatte so für die Formgeschichte des Alten wie des Neuen Testaments entscheidende Impulse gegeben. So fragt Albertz jetzt nach dem ›Sitz im Leben‹ ganzer Traditionskomplexe, großer Reformwerke und ihrem Niederschlag etwa im Deuteronomium oder in Blums großem priesterlichen Kompositionswerk. Seinen Forschungen sind die folgenden Darlegungen bis ins Einzelne verpflichtet.

Der Gott der Väter

Viel Beifall hat Albertz' soziale, nicht historische Lokalisierung der Vätergeschichten gefunden. Sie gingen der Jahwe-Verehrung nicht zeitlich voraus, sondern koexistierten mit ihr auf verschiedenen Ebenen, auch noch lange nach der Entstehung Israels in Kanaan etwa im 13. Jhdt. Die ›Väterreligion‹ wird somit nicht als Vorstufe, sondern als Substratum der Jahwe-Religion bestimmt. Der in den Abrahams-, Isaaks- oder Jakobs-Erzählungen verehrte Gott ist der des jeweiligen Stammvaters, ist Gott der Sippe, der zum Gott Abrahams und Isaaks oder zum Gott Isaaks und Jakobs, zum Gott aller drei oder eben zum Gott der Väter zusammengelegt werden konnte. Der Gott ist namen- und bildlos; genannt oder angeredet wird er als ›Gott meines Vaters‹; er kann mit dem gemeinsemitischen Gott El koexistieren – Abrahams erster Sohn heißt Ismael –, mit »El-

Musizierender Engel aus dem Altarvorsatz von St. Ursula in Köln, um 1420.

Schaddaj« (= dem Allmächtigen) im Jakobssegen identifiziert werden (1 Mose 49,25) oder eben mit Jahwe, mit dem er die Ortsungebundenheit und das »Mit-Sein« mit seinem Volk/seiner Sippe teilt.

Das erlaubt eine eifersuchtslose Aufgabenteilung: Jahwe ist funktional auf die Großgruppe Stamm, Stammesverband oder später Volk bezogen und wird in diesem Zusammenhang verehrt; der Vatergott hat seinen Sitz und seine Funktion im religiösen Familienleben mit dem Vater als Priester. Dementsprechend sind seine Aufgaben: Er sorgt für den so wichtigen männlichen Erben und offenbart sich etwa bei der Verheißung eines solchen durchaus auch den Müttern, die vom Großkult ausgeschlossen sind, beschützt sie besonders, so wie er auch kleine Kinder beschützt. Die Familienfrömmigkeit späterer Zeiten tradiert dabei durchaus die Erinnerung an Typisches für die Familien der vorstaatlichen Zeit. Hier wäre der Ort, der ›Sitz im Leben‹ für Thomas Manns »Schönes Gespräch« in den »Geschichten Jaakobs«: Der jeweils Sippenälteste bespricht mit dem jeweiligen Empfänger, dem die weitere Tradierung anvertraut werden kann, die Sippentraditionen. Der zukünftige Tradent ist dabei nicht der Erstgeborene, sondern der ›Intellektuelle‹ unter den Nachgeborenen. Für Abraham ist es nicht Ismael, sondern Isaak, für Isaak nicht Esau, sondern Jakob, und für Jakob nicht Ruben, sondern Joseph. Im ›schönen Gespräch‹ werden die Teilnehmer zu kollektiven Individuuen, die uralte Familien- und Sippengeschichten auf sich hin aktualisieren, die in Dutzenden von Generationen und Hunderten von Jahren unterschiedlichste Widerfährnisse zu Gotteserfahrungen zuschleifen.

So können diese Geschichten vom Gott des Vaters auch wieder höchst lebendig werden, als nach der Zerstörung des Tempels im babylonischen Exil die Familie wieder zur größten sozialen Einheit und zum Überlieferer der Religion wird. Die landlosen Exilierten können sich in den landlosen Fremdlingen (s. S. 66 f.) der Urzeit wiederfinden und sich mit den Landverheißungen an die Heimatlosen trösten. Nach dem Modell

Jakob sieht im Traum eine Himmelsleiter, auf der Engel auf und ab steigen. Gemälde von Nicolas Dipre.

Blums werden die Vätergeschichten im Exil aufgeschrieben und dabei wohl auch durch Konstruktion von Familienbeziehungen miteinander verbunden.

Erst in der Priesterlichen Komposition um 500 wird den Vätergeschichten die Urgeschichte vorangestellt und beide durch Stammbäume verklammert. Der ganze Komplex tritt vor den Exodus, und indem Abrahams Urenkel Joseph seine Brüder, zusammen mit ihm die Stammväter des späteren ›Israel‹, nach Ägypten führt, kann er als Bindeglied zwischen den Erzvätern und dem Exodus unter Mose genutzt werden.

Die Jahwe-Religion des Stämmebundes nach Albertz

Nachdem die Väterreligion nicht vor die Jahwe-Religion getreten ist, sondern von Albertz neben und unter ihr plaziert wurde, beginnt die Jahwe-Verehrung bei der ägyptischen Fronarbeitergruppe als Verehrung eines Gottes, der ihr im entscheidenden Moment den Führer verschafft, durch den sie zu ihrer Befreiung motiviert und befähigt wurden. Darüber hinaus ist er der Gott, der eingreift, als die Befreiungsaktion zu scheitern droht, und der sie vor der militärischen Übermacht ihrer Bedrücker rettet. Die Entstehung der Jahwe-Religion im Befreiungsprozeß einer unterdrückten Außenseitergruppe der ägyptischen Gesellschaft prägt sie von Anfang an durch eine geschichtlich politische Ausrichtung und einen deutlichen Zug zum Sozialen, der auch in Zukunft für die Religion Israels bestimmend sein sollte.

Etwa gleichzeitig bilden in Kanaan die sich emanzipierenden Bauern und Hirten des palästinischen Berglandes Organisationsformen aus, die sich durch das weitgehende Fehlen einer politischen Zentralinstanz auszeichnen. Strukturen gibt es nur in der Familie, innerhalb derer man nicht heiraten darf, und Sippe, innerhalb derer man es muß. Ansonsten ist man ohne ›Haupt‹ (»akephal«) und ›egalitär‹, d.h. man entwickelt eine Reihe gesellschaftlicher Mechanismen,

»Ich, dein Gott, bin ein 68er.«
Montesquieu hat einmal gesagt, »wenn die Dreiecke sich einen Gott bildeten, würden sie ihm drei Seiten geben«. Wissenschaftstheoretisch ist es schon von Interesse, daß der derzeit bei fast allen Alttestamentlern herrschende Gott ausgesprochene 68er-Züge oder gar rot-grüne Tendenzen der 90er Jahre aufweist. Sein Volk lebt in Wohngemeinschaften, ist basisdemokratisch organisiert, antiautoritär, antikapitalistisch und duldet nur »milizionäre Befreiungskriege«. Anführer gibt es nur als Anstifter zur Selbstbefreiung, Ämter sind rein funktional und befristet; Massenbasis ist das Marxsche ›Lumpenproletariat‹, Bewegkraft »die Initiative und Entscheidung der betroffenen Menschen«; aufgrund der »gleichen Interessenlage« mit ausländischen Ausgebeuteten ist deren Integration »ohne größere Probleme« möglich. Literarisch fühlt man sich an B. Travens Anarcho-Syndikalismus und den basisdemokratischen Aufstand seiner Caoba-Arbeiter erinnert, historisch an Che Guevaras Agitation unter bolivianischen Land- und Bergarbeitern. Ein eher ›roter‹ Zug: Unter Berufung auf das »Befreiungs«-Element Jahwes kann man auch einen »Arbeitskampf« führen. Was vielleicht noch zu ergänzen wäre: Jahwe ist der besondere Gott der alleinerziehenden Mütter (1 Mose 21,14 ff.), besonders im Falle von Zwillingen (1 Mose 38,12 ff.).

Eine Prachtbibel: Winchester-Bibel um 1150 (Initiale H).

um die Akkumulation politischer und wirtschaftlicher Macht zu unterbinden. Den Namen »Israel« (= ›Gott herrscht‹, ›Gott möge sich als Herr erweisen‹) kann man geradezu als Bekenntnis zu einem antiherrschaftlichen Programm auffassen.

Bei diesem Modell verläuft die Integration der hinzukommenden Wirtschaftsmigranten und Asylanten ohne größere Probleme. Zwischen den ehemaligen ägyptischen Fronarbeitern und den ehemaligen Rand- und Unterschichtsgruppen der kanaanäischen Gesellschaft besteht dieselbe Interessenlage. Sie führt zur gemeinsamen Verehrung eines Gottes, der sich einseitig und exklusiv gerade an eine Unterschichtsgruppe gebunden hat. Der Großkult erschöpft sich in einer »populistischen Form«, einer Art Kirchentagsfrömmigkeit: Es gibt noch keine durch hohe Mauern abgeschirmten heiligen Stätten, Gott wohnt noch nicht im Dunkel eines Tempelhauses. Die ganze Ortsgemeinde konnte zu den großen Jahresfesten zusammenkommen oder einzelne Familien ihre Gemeinschaftsmahlopfer vollziehen (1 Sam 9 f.), zwar unter Leitung eines zufällig anwesenden Gottesmannes oder dafür engagierten Prie-

Die Funde von Qumran

Eine der »Rollen vom Toten Meer« mit Psalmen (30–50 n. Chr.) aus der 1961 entdeckten Höhle 2e von Qumran.

Die von 1947–1956 bei Qumran am Toten Meer gefundenen Schriftrollen und Schriftreste geben zum einen Einblick in die Textentwicklung der hebräischen Bibel, da sie erheblich ältere Fassungen in der handschriftlichen Tradierung bieten (s. S. 26). Der Hauptgewinn der Funde lag aber sicherlich in dem Einblick, den man durch die bisher unbekannten Schriftkommentare, Hymnen und Segensworte, Weisheitstexte und Gemeinderegeln in die reichbewegte religiöse Zeit um die ›Zeitenwende‹ herum gewann. Neue Einsichten bezüglich Jesu und des Neuen Testaments erbrachten sie kaum; Grundlagen für populäre Spekulationen um eine ›Verschlußsache Jesus‹ bieten sie auf gar keinen Fall.
Ob die Schriften überhaupt etwas mit den in der Nähe gemachten archäologischen Ausgrabungen zu tun haben, ist bis heute strittig, zumal deren Befund unklar ist: »G. Hagenow (1998) macht darauf aufmerksam, daß jeder in Qumran das findet, was seine Vorbildung vermuten läßt: Die französischen Dominikaner fanden ein Kloster, andere einen Kibbuz, ein Amerikaner eine militärische Festung, der deutsche Qumranforscher H. Stegemann ein Verlagshaus, ein jüdischer Gelehrter ein sadduzäisches Studienzentrum, schließlich ein postmoderner Franzose einen essenischen Tempel.« (Klaus Berger) So hat die Theorie viel für sich, daß im jüdisch-römischen Krieg eine bedeutende Jerusalemer Bibliothek in die Höhlen ausgelagert worden ist, zu der es – und schon gar nicht in Qumran – niemals eine ›Gemeinde‹ gegeben hat.

Die Höhlen von Qumran, 1946 entdeckt, waren Fundort alter biblischer Schriftrollen.

sters (1 Sam 9 f.; Ri 17 f.), aber doch noch kultisch selbständig und unter Teilhabe aller am kultischen Geschehen.

Die Königszeit

Fast zweihundert Jahre lang gelingt es der Religion, die Grundlage für die Freiheitsbestrebungen der Stämme gegen die politischen Hegemonieansprüche von innen und von außen zu fundieren. Die Angriffe der Philister, vielleicht aber auch zusätzliche innenpolitische Entwicklungen, lassen nach einer den Nachbarvölkern ähnlichen Zentralinstanz, dem Königtum, streben. Saul ist noch Charismatiker, dem man die Stammeskrieger unterstellt, der keine Zentralmacht ausbaut, keine Beamtenschaft einrichtet, wohl auch keine Steuern erhebt und dessen wenige Berufskrieger aus Israel kommen.

Demgegenüber stammt David aus dem Kreis der Saulschen Berufskrieger, baut sich als Condottiere eine schlagkräftige Söldnertruppe auf, rafft persönlichen Reichtum zusammen und schafft ein dynastisches Königtum, das durch Beamte das Gewaltmonopol des Staates sichert. Schließlich erringt er die Unabhängigkeit von den Philistern und macht Israel zu einem eigenständigen Machtfaktor unter den vorderorientalischen Staaten.

»Thron und Altar«

Mit der Neuschaffung eines zentralen Heiligtums in Jerusalem, wo David aus eigenem Recht als Stadtkönig regiert, und der Überführung der uralten Bundeslade (s. S. 48) dorthin verbinden sich Zentralmacht und Theologie in doppelter Weise: im Zentralkult und einem theologisch begründeten Königtum, wie es aus den sogenannten Königspsalmen spricht, beispielsweise dem wohl zur Thronbesteigung gehörenden Psalm 2: »›Aber ich habe meinen König eingesetzt auf meinem heiligen Berg Zion.‹ Ich will von der Weise predigen, daß der Herr zu mir gesagt hat: ›Du bist mein Sohn, heute habe ich dich gezeugt.‹« (Ps 2,6 f.) »Ein

Psalm Davids. Der Herr sprach zu meinem Herrn: ›Setze dich zu meiner Rechten, bis ich deine Feinde zum Schemel deiner Füße lege. ›Der Herr wird das Zepter deines Reiches senden aus Zion: Herrsche unter deinen Feinden!‹« (Ps 110,1 f.)

Albertz setzt die Ausbildung dieser Königstheologie schon in die Zeit Salomos, wenn auch die entsprechenden Psalmen später entstanden sein können. In ihr sieht er während der gesamten Königszeit einen Fremdkörper innerhalb der Jahwe-Religion, der erst im Exil in der Umformung zu einer Jahwe-ist-König-Theologie integriert werden kann. Wohl im achten Jahrhun-

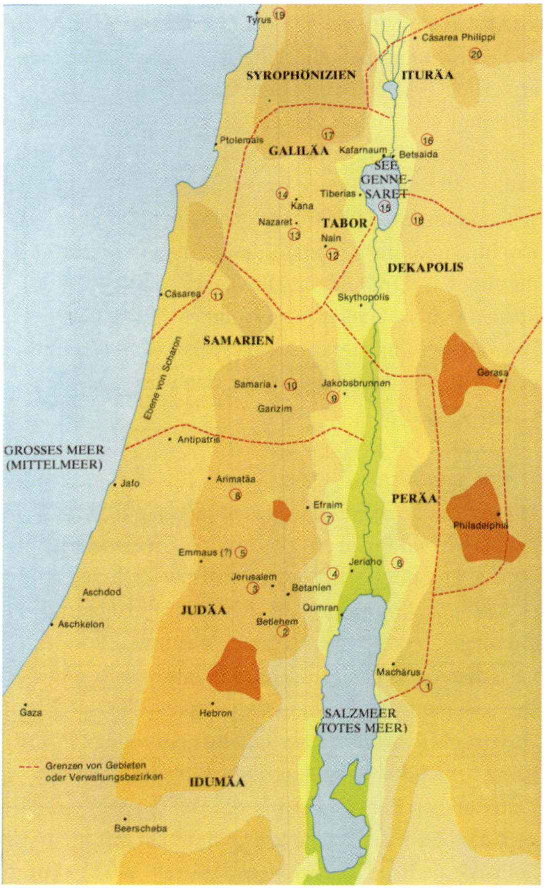

Karte mit den wichtigsten Schauplätzen biblischen Geschehens.

Blick auf Jerusalem mit dem Felsendom.

dert kommt es dann zu der Auffassung, speziell den Nachkommen Davids sei der Thron in Ewigkeit verheißen, was als Prophetie für David dann dem Hofpropheten Natan in den Mund gelegt wird (2 Sam 7,12 f.). Im frühen Exil gilt sie dann nicht mehr dem König, sondern dem Volk, so im Klagepsalm 89,20-38, und begegnet uns auch in der Exilsprophetie: »Ich will einen ewigen Bund machen, daß ich euch gebe die gewissen Gnaden Davids.« (Jes 55,3) Die Verheißung wird zur messianischen Verheißung, weshalb Jesus von den Evangelisten Matthäus und Lukas zum »Sohn Davids« (Mt 1,1; Lk 2,4; 3,23-31) erklärt wird.

Der Tempel, den Salomo baut – übrigens bei aller Pracht der Ausstattung in den bescheidenen Dimensionen einer Dorfkirche – wird zum Wohn- und Thronsitz Jahwes neben dem königlichen Palast. Jahwe und sein König wohnen Wand an Wand (1 Kön 7,12; Kritik daran Hes 43,7 f.), wenn auch weiterhin die Vorstellung gilt, daß Jahwe zu groß ist, als daß ein Raum ihn fassen könnte – in der berühmten Vision Jesajas vom thronenden Jahwe füllt bereits der Saum seines Gewandes den Tempel. (Jes 6,1-4)

In Tradition der Jerusalemer königlichen Vorgänger beanspruchen die Könige auch kultische Funktionen bei Opfer und Segen und haben priesterliche Heilig-

Ein musizierender Engel aus Stefan Lochners »Muttergottes in der Rosenlaube«.

keit, ja, durch sie redet Gott (2 Sam 23,2). Albertz faßt wertend zusammen: »Eine engere Verquickung von Thron und Altar läßt sich kaum denken; der israelische Großkult wurde zu einem wesentlichen Teil zum königlichen Staatskult … Jahwe, der einmal Symbol der Befreiung von staatlicher Unterdrückung gewesen war, wurde von den Hoftheologen zum Garanten staatlicher Macht gemacht, die … auch gegenüber der eigenen Gesellschaft (Fronarbeit) erneut Unterdrückungsinstrumente aufbaute. Hier war der ursprüngliche Impuls regelrecht konterkariert, hier verkam die Jahwe-Religion zur Überhöhung politischer Machtinteressen, geriet zur Ideologie im strengsten Sinne des Wortes.«

Tabelle zur Geschichte Israels und der biblischen Bücher

1250–1000	Rückgang der kanaanäischen Stadtkönigtümer; Entstehung einer israelitischen Dorfkultur im Innern und der Philisterstädte (Seevölker) an der Küste. Seßhaftwerdung; Stämmebildung; Entstehung der Stämmegesellschaft ›Israel‹	
1200–1000	Richterzeit	
1000	Staatenbildung: Saul, David	
965–926	Salomo	
926	Reichsteilung	
926–721	**Staat Israel**	926–586 **Staat Juda**
926–906	Jerobeam I.	926–909 Rehabeam
906–905	Nadab	909–907 Abia
905–882	Baesa	907–867 Asa
881	Simri	
881–870	Omri	
870–851	Ahab	867–850 Josaphat
851–850	Ahasja	
850–845	Joram	850–845 Joram
		845 Ahasja
845–817	Jehu	845–839 Athalja
817–801	Joahas	839–800 Joas
801–786	Joas	800–786 Amazja

786–746	Jerobeam II, Prophet Amos	786–746	Asar
		756–741	Jotham (Mitregent, König), Propheten Jesaja, Micha
746–734	Menahem, Prophet Hosea	742–725	Ahas
736–734	Pekahja		
734–732	Pekah		
732–723	Hosea		
722/21	Eroberung Samarias,Ende des Nordreichs Israel	725–696	Hiskia, »Bundesbuch« (2 Mose 20,22-23,19)

Staat Juda

696–641	Manasse
641–639	Amon
639–608	Josia. Josianische Reform. Urdeuteronomium. Jeremia
Ende 7. Jhdt	Propheten Zephanja, Nahum, Habakuk
608	Joahas
608–598	Jojakim
598	Jojachin
597–586	Fall Jerusalems, Ende des Staates Juda, Propheten Hesekiel und Jeremia
586–538	Juda babylonische Provinz, Babylonisches Exil, Jesaja II, Erzelterngeschichten, Deuteronomistisches Geschichtswerk
520–515	Wiederaufbau des Tempels, Propheten Haggai und Sacharja. Priesterschrift
um 500	Priesterliche Komposition des gesamten Geschichtswerks von Genesis bis Könige
475	Prophet Maleachi
5. Jhdt.	Ruth
4. Jhdt.	Hiob
3./2. Jhdt.	Chronik, Esra, Nehemia, Sprüche, Prediger, Hoheslied
332	Alexander der Große in Ägypten und Palästina. Beginn des Hellenismus
ab 3. Jhdt.	Entstehung der LXX
um 240	Zwölfprophetenrolle
301	Palästina fällt an die ägyptischen Ptolemäer
202	Sieg Roms über Karthago; das Mittelmeer wird für die Römer zum ›mare nostrum‹
200–150	Endredaktion des Psalters
166–164	Aufstand der Makkabäer, Buch Daniel (jüngstes Buch der Hebräischen Bibel)
63	Pompejus erobert Jerusalem
37–4 n. Chr.	Königtum der Herodianer
66–74	Jüdischer Aufstand. Im Zusammenhang damit wird wohl eine Jerusalemer Bibliothek in den Höhlen bei Qumran versteckt.
70	Zerstörung Jerusalems

Die ungeheure Lebendigkeit und Dynamik, die der Jahwe-Religion offensichtlich in dieser Zeit immer noch innewohnt, zeigt sich darin, daß sie sich fast zur selben Zeit, da das Königtum sie vereinnahmt und fest unter Kontrolle zu haben glaubt, ein höchst wirksames Instrument der Opposition schafft: Sozial nicht gebundene ›Propheten‹ kritisieren im Auftrag Jahwes das Königsrecht vom Gottesrecht her auf sozialem, politischem, kultischem und theologischem Gebiet. Die Ursituation hierfür, wenn auch erst später erzählt, ist sozusagen die letzte Begegnung zwischen dem ›Propheten‹ Samuel und dem König Saul: »Samuel aber sprach: Meinst du, daß der Herr Lust habe am Opfer und Brandopfer gleich wie am Gehorsam gegen die Stimme des Herrn? Siehe, Gehorsam ist besser denn Opfer, und Aufmerken besser denn das Fett von Widdern.« (1 Sam 15,22) Neben der Königskritik fällt die

Das vergoldete Metallmedaillon mit dem Propheten Jesaja ziert die römisch-deutsche Kaiserkrone aus dem 10. Jahrhundert. Jesaja verkündet – wie viele andere Propheten – dem Herrscher das Wort Gottes. Hier ist es König Hiskia. Dem kranken König werden fünfzehn weitere Jahre geschenkt.

Kultkritik ins Auge, die ein typisches Merkmal prophetischer Rede ist und deshalb wohl von den späteren Propheten auf Samuel übertragen wurde. Bei Jesaja steht: »Was soll mir die Menge eurer Opfer? spricht der Herr. Ich bin satt der Brandopfer von Widdern und des Fetts der Mastkälber und habe keine Lust zum Blut der Stiere, der Lämmer und Böcke« (Jes 1,11). Auch das Buch Hosea (Hos 6,6) kommt dem Ausspruch Samuels sehr nahe: »Denn ich habe Lust an der Liebe, und nicht am Opfer, und an der Erkenntnis Gottes, und nicht am Brandopfer.«

Prophet. Holzschnitt von Emil Nolde, 1912.

Versuche, auch die Prophetie zu institutionalisieren, waren nicht sehr erfolgreich. Tempel- bzw. Kultpropheten gehörten zum staatlichen bzw. königlichen Beamtenapparat; gerade von ihnen setzen sich die charismatischen Propheten ab: »Ihre Häupter richten um Geschenke, ihre Priester lehren um Lohn, und ihre Propheten wahrsagen um Geld, verlassen sich auf den Herrn und sprechen: Ist nicht der Herr unter uns? Es kann kein Unglück über uns kommen.« (Mi 3,11)

Dasselbe gilt für die Institution der Hofpropheten, bei denen man zu wichtigen Gelegenheiten wie Kriegen und Katastrophen, Vertragsschlüssen, Inthronisa-

Da die Propheten sich in der Minderzahl gegenüber den bezahlten Kult- und Heilspropheten wußten und nicht die Autorität eines Amtes oder einer sozialen Einbindung im Rücken hatten, stellten sie selbst Kriterien auf, an denen man einen von Gott berufenen Rufer in Abgrenzung vom Lügenpropheten (›Pseudoprophetes‹ Sach 13,2; Jer 6,13) erkennen kann (Liste nach Zenger):

1) keine Stabilisierung der Heilsgewißheit, sondern kritische, provozierende Rede (Mi 2,11)
2) keine Spur von Selbstsicherheit oder Arroganz im Auftreten (vgl. Jer 27f.)
3) wahre Propheten ›leben‹ nicht von ihrer Prophetie und sind deshalb unabhängig und frei (vgl. Mi 3,5; Am 7,10-17)
4) Korrespondenz zwischen Botschaft und Lebensweise des Propheten (vgl. Jer 23,14)
5) der Prophet sucht nicht seine prophetische Tätigkeit, sondern ist ›berufener Rufer‹ – oft gegen seinen eigenen Willen (vgl. das Zurückschaudern in den Berufungsberichten Jes 6; Jer 1; Hes 1-3 sowie die sog. Konfessionen des Jeremia: Jer 11,18-23; 12,1-6; 15,10-21; 17,12-18; 18,19-23; 20,7-18)

Der Prophet erhält von Gott seinen Auftrag. Miniatur aus dem Psalter von St.-Victor, 14. Jh.

tion, Jubiläen, Hochzeit des Thronfolgers ›Gottessprüche‹ regelrecht abfragen konnte. Ihr Amt war es, Frieden und Heil zu verheißen und Unheil abzuwenden. Im 1. Buch der Könige (1 Kön 22) weissagen alle Hofpropheten Sieg und Heil, der freie Prophet Micha aber den Untergang, wofür er geohrfeigt und eingesperrt wird, aber natürlich recht behält.

Als wirkungsmächtig für die gesamte weitere Theologie und Geschichte Israels wie auch noch für die Entstehung des Christentums erwiesen sich die fünfzehn namentlich auf eigenen Schriftrollen (Jesaja, Jeremia, Hesekiel) oder auf der Zwölfprophetenrolle mit ihren Worten überlieferten ›berufenen Rufer‹. Mit Ausnahme der in der Tradition der Tempelpropheten stehenden Habakuk, Nahum und Joel sind diese Schriftpropheten »freie oppositionelle Einzelpropheten« (Zenger). Bevor Jahwe sie rief, waren sie Bauern (Amos, Micha), Weisheitslehrer (Jesaja) oder kamen wie Jeremia und Hesekiel aus Jerusalemer Priesterfamilien mit guten Karriereaussichten. Gottes Ruf führt sie in eine Außenseiterposition bis zum Martyrium. Ihr Auftreten erfolgt streng okkasionell und wird allein durch Gottes Auftrag ausgelöst. Der verleiht ihnen in ihrem Anspruch eine Autorität, die über allen Personen und Institutionen steht, was natürlich zu ständigen Konflikten führt. Anerkennung finden sie erst postum durch die Kanonisierung ihrer überlieferten Worte.

Ihr Auftreten ist ihrem Sendungsbewußtsein gemäß auffallend genug. Zenger hat eine Liste ihrer Eigentümlichkeiten aufgestellt:

1) Spektakuläre Szenerie
2) Kräftige, schockierende und sogar obszöne Bilder
3) Rhythmisch-poetische Sprache, kunstvolle Gedichte und Liedformen
4) Zeichenhandlungen, Rollenspiele, Pantomimen und Straßentheater
5) Einsatz von ›Flugblättern‹, ›Plakaten‹ bzw. ›Transparenten‹ und Briefen

Hier einige Beispiele zu 2: Hesekiel vergleicht in den Kapiteln 16 und 23 das Verhältnis Gottes zum Volk Israel mit einer Ehe und den Götzendienst mit Ehebruch und Hurerei, die dann in den derbsten Formen ausgemalt wird (LXX: »die Schamteile ihrer Buhlen waren wie die von Hengsten« (Hes 23,20)). Amos herrscht die reichen Damen in Israel an: »Höret dies Wort, ihr fetten Kühe, die ihr auf den Bergen Samarias seid und den Dürftigen Unrecht tut und die Armen zertretet und sprecht zu euren Männern: Bringt her, laßt uns saufen!« (Am 4,1)

»Straßentheater« nennt Zenger treffend Aktionen wie die Jesajas, der nackt und barfuß durch die Stadt geht, weil dereinst die Ägypter und die Äthiopier vom König von Assyrien weggeführt werden, »nackt und barfuß und mit entblößtem Gesäß«. (Jes 20,1-4) Jeremia soll einen Tonkrug kaufen und ihn vor den Augen der Ältesten des Volkes und der Priester zerschmettern, weil Jahwe Zebaoth genauso das Volk und die Stadt zerschmettern wird (Jer 19,1-11a). Wenn Jesus in allen vier Evangelien (Mk 11,15-17 und Parallelstellen) die Händler und Wechsler aus dem Tempel peitscht und sich dabei auf Jesaja und Jeremia beruft, stellt er sich bewußt in die Tradition solchen prophetischen Zeichenhandelns.

Ein Rabbi aus der Zeit Jesu liest von einer der Schriftrollen, wie sie in den Synagogen benutzt wurden.

Die Überlieferung

Wie Zenger betont, geht nach dem heutigen Stand der Prophetenforschung kein einziges der überlieferten Prophetenbücher direkt auf den Propheten zurück, dessen Namen es trägt. Das hängt mit der inneren und äußeren Weise der Überlieferung zusammen. Der Prophet verkündete Jahwes Wort mündlich, aktuell auch im Sinne von ›in actu‹, d.h. agierend, wenn er nackt durch die Stadt lief, einen Krug zerschmetterte oder eine Spielzeugstadt baute und Belagerung spielte (Hes 4,1-4). Als in die Geschichte gesprochenes Wort Gottes wurde es aufgezeichnet, aber natürlich nicht in dokumentierender Absicht. Außerhalb der eigentlichen Situation, des ehemals konkreten ›Sprechakts‹, bedurfte das Wort der Deutung und Erläuterung, war aber auch offen genug für Aktualisierungen, wie sie heute noch allsonntäglich millionenfach in Predigten geschehen.

Ein Wort konnte auch andere an sich ziehen, an sich lagern, so daß sich thematische Gruppen bildeten.

Wichtig zum Verständnis ist hier, daß ja auch die schriftliche Überlieferung offen war. Als Träger der Schrift dienten Rollen, die aus aneinandergenähten Papyrusblättern oder Lederstücken bestanden. Geschrieben wurde in Kolumnen. An den Rand, unter oder über die Kolumne konnte man seinen Kommentar schreiben, ähnliche Worte notieren. Wurde die Rolle brüchig, konnte Text wegfallen und mußte ergänzt werden. Beim Abschreiben von der zerlesenen Rolle drangen solche Passagen dann in den Text ein, erweiterten ihn und schrieben ihn fort. Verleger und Buchhändler, für die gelehrte Sklaven in einem Schreibsaal nach Diktat regelrechte Auflagen schrieben, gab es erst im Hellenismus. Bei den Prophetenrollen ist an Unikate oder wenige Exemplare zu denken, die in (schrift)prophetischen Kreisen tradiert wurden.

Zudem wurden alle Prophetenbücher – auch das Gesamtcorpus des Zwölfprophetenbuchs – einer abschließenden Redaktion unterzogen, die an der Gesamtanordnung und Komposition der verschiedenen

Berufung eines neuen Propheten
»Horch, es spricht: Rufe! Und ich sprach: ›Was soll ich rufen? Alles Fleisch ist ja Gras und all seine Pracht wie die Blume des Feldes. Das Gras verdorrt, die Blume welkt, wenn der Hauch des Herrn darüber weht.« – »Ja, Gras ist das Volk. Das Gras verdorrt. Die Blume welkt; aber das Wort unseres Gottes bleibt in Ewigkeit.‹« (Jes 40,6-8)

Das Neue Testament hat sich als Erfüllung des ›Alten‹ gesehen, und da kommt den Propheten eine besondere Bedeutung zu, da ihre Heilsverheißungen für die Zukunft christlich auf Jesus bezogen wurden, der deshalb als Davidssohn in Bethlehem geboren sein sollte (s. S. 159), von einer Jungfrau (s. Jes 7,14), der ein Exil in Ägypten erleiden mußte (Hos 11,1) usw. Jesus selber hat sich in der Außenseiterrolle der Propheten gesehen (s. etwa Mt 23,37); im Gleichnis ist er der letzte Bote des Herrn an die bösen Weingärtner (Mk 12,1-9 u. Parallelstellen). Für seine Jünger waren neben den Klagepsalmen besonders die Lieder vom leidenden Gottesknecht von äußerster Wichtigkeit, um die Katastrophe der Kreuzigung ihres Meisters zu deuten: »Mußte nicht Christus dieses erleiden und in seine Herrlichkeit eingehen? Und er fing an bei Mose und den Propheten und legte ihnen aus, was in der ganzen Schrift von ihm gesagt war.« (Lk 24,26 f.)

Schichten erkennbar ist. Daher ist es heute kaum noch möglich, aus der vorliegenden Letztgestalt auf einen ›Urbestand‹ ›echter‹ Worte des jeweiligen Propheten zu schließen. Auch die erzählerischen Passagen der Bücher, die also nicht die Form der Rede aufweisen, lassen nicht die Rekonstruktion einer Biographie zu.

Die Passion, das Leiden Christi, ist oft in Stationen dargestellt. Aus der »Kleinen Holzschnitt-Passion« von Albrecht Dürer stammt dieses Titelbild »Christus in der Rast«, 1511.

Der Englische Gruß von Veit Stoß in der Lorenzkirche zu Nürnberg (1517–19) ist eine der bekanntesten Verkündigungs-Darstellungen. Der Engel Gabriel verkündet der Jungfrau Maria, daß sie den Sohn Gottes gebären wird. »Gegrüßt seist du, Maria«, bekannt aus Liedern und Gebeten.

Schon früh war aufgefallen, daß die Jesaja-Rolle deutlich in zwei verschiedene Teile zerfällt, 1-39 und 40-66. Während der erste Teil die Berufung des Propheten in der berühmten Vision des thronenden Jahwe erzählt (Jes 6), beginnt der zweite Teil neu mit dem Hören einer Berufung, einer sogenannten Audition (Jes 40,6-8).

Während der eigentliche Jesaja Mitte des 8. Jahrhunderts datiert wird, spricht der zweite Teil heilverkündend in die Situation des Exils hinein. Man hat ihm den Notnamen »Deuterojesaja« (= Zweiter Jesaja) gegeben und noch eine dritte Einzelgestalt als Verfasser von Jesaja 56-66 angenommen (Tritojesaja). Da man inzwischen von einer ›Fortschreibung‹ der Jesaja-Rolle über mehrere Jahrhunderte ausgeht, verschwindet für einige Forscher der zweite Jesaja in der anonymen Tradierung, während andere an ihm als einer eigenen Prophetengestalt festhalten.

Rätselhaft sind in Jesaja 40-55 die vier Lieder vom Gottesknecht und von dessen unverdientem Leiden: Jes 42,1-4; 49,1-6; 50,4-9; 52,13-53,12. Das letzte davon liest der Kämmerer aus Äthiopien (s. S. 24), und seine Frage »Ich bitte dich, von wem redet der Prophet das, von sich selber oder von jemand anderem?« ist heute so aktuell wie vor fast zweitausend Jahren; heutige Alttestamentler sind in diesem Punkt nicht weiter als der hohe äthiopische Beamte.

Hinsichtlich ihres Sinns innerhalb des Jesaja-Buches zeichnet sich keine Lösung ab, Hinweise gelten einem möglichen Martyrium dieses Propheten, einer Deutung auf Israel oder auch auf Jerusalem.

Das Überschriftenschema des Zwölfprophetenbuchs

Hosea (8. Jhdt.)	Das Wort JHWHs, das erging an Hosea
Joel	Das Wort JHWHs, das erging an Joel
Amos	Die Worte des Amos, die er schaute über Israel
Obadja	Schauung des Obadja
Jona	Und es erging das Wort JHWHs an Jona
Micha	Das Wort JHWHs, das erging an Micha
Nahum (7. Jhdt.)	Ausspruch über Ninive, Buch der Schauung des Nahum
Habakuk	Der Ausspruch, den der Prophet Habakuk schaute
Zefanja	Das Wort JHWHs, das erging an Zefanja
Haggai (6. Jhdt.)	Im 2. Jahr des Königs Darius, am 1. Tag des 6. Monats, erging das Wort JHWHs durch den Propheten Haggai
Sacharja	Im 2. Jahr des Darius, im 8. Monat, erging das Wort JHWHs an den Propheten Sacharja
Maleachi	Ausspruch. Wort JHWHs an Israel durch Maleachi

Das Zwölfprophetenbuch

Das Buch, auf der Rolle etwa so lang wie die Jesaja-Rolle, ist als Einheit zu sehen, wie ja auch die theologisch zu verstehende Zwölferzahl symbolisch zu verstehen ist. Die LXX nennt es entsprechend als ein Werk »Dodekapropheton«. Die kritische Wissenschaft hat sich meist um Sonderung der einzelnen Propheten bemüht, erst neuerdings geht man stärker auf die Gesamtkomposition ein.

Diese folgt einer fiktiven Chronologie gemäß den in den einzelnen Teilen genannten Daten oder historischen Umständen. Wo solche fehlen, wurde die Einordnung durch thematische Bezüge vorgenommen. Die Jona-Legende (s. S. 16) wurde an einen im 2. Buch der Könige (2 Kön 14,25) erwähnten Propheten Jona angelehnt und deshalb ins achte Jahrhundert datiert. Zenger hat die strenge formale Schematik sowie die Verteilung auf drei Jahrhunderte im Dreier- und Sechserpack sehr klar in einer Tabelle herausgestellt.

Das Buch Maleachi (Mal 3,22-24) schließt nicht nur die ›kleinen Propheten‹ ab, sondern das Erste Testament mit feierlichem Rückblick auf die Thora des Mose am Anfang und den Tag des Herrn am Ende (s. S. 15).

Prophetie und Geschichtsbücher

Die Propheten haben wesentlichen Einfluß auf die Entstehung der Gesetzessammlungen und der Geschichtserzählungen genommen, in die sie eingebettet sind. Die Kult- und Rechtsreform König Hiskias von Juda (725–696) wurzelt nach Albertz in der theologischen Reflexion, die der Untergang des Nachbarreichs Israel ausgelöst hatte, zu dem er sogar eine personelle Beziehung herstellt: Anhänger des Propheten Hosea könnten in dieser Zeit ins Südreich gekommen sein, was Ähnlichkeiten der Reform mit der Predigt Hoseas erklärte. Albertz sieht den schriftlichen Niederschlag der Hiskia-Reform in der »Bundesbuch« genannten alten Gesetzessammlung (2 Mose 20,22-23,19). Sie enthält neben Vorschriften zur Jahwe-Verehrung am Anfang und am Ende zahlreiche Vorschriften, oft in kasuistischer Form, zum Strafrecht, zum Zivilrecht und zu sozialen Fragen. Bei Gewaltdelikten werden etwa die straf- wie zivilrechtlichen Folgen aufgelistet, d.h. neben der Strafe wird auch der Schadensersatz geregelt. Hier hat das fast immer falsch verstandene und daher berüchtigte »Auge um Auge, Zahn um Zahn« (2 Mose 21,24) seinen Platz; es soll einen angemessenen Schadensersatz sicherstellen. Zahlreiche Vorschriften dienen dem Schutz der Sklaven, der Fremdlinge, der Witwen, andere sollen als Grundlage für all das einen fairen Prozeß vor unbestechlichen Richtern garantieren.

Die zweite große Reform unter Josia (639–608), nach dem damals entstandenen Gesetzbuch auch deuteronomische Reform genannt, wurde ebenfalls von Propheten unterstützt, und zwar von den Fortschreibern der Jesaja-Prophetie und dem jungen Jeremia, den Albertz zur Hosea-Tadition in Beziehung setzt.

Das Deuteronomium stellt den ersten theologischen Gesamtentwurf der Jahwe-Religion dar und kündet von Mose als dem Größten aller Propheten und Gottesmänner. Geschichtlich spannt es den Bogen vom Exodus über die Landnahme bis zur Erwählung eines Ortes, wo Jahwes Name thronen wird, d.h. Jerusalem. Die

»Ihr sollt nichts hinzutun zu dem, was ich euch gebiete, und sollt auch nichts davontun, sondern die Gebote des Herrn, eures Gottes, halten, die ich euch gebe.« (5 Mose 4,2) Als Überlieferungsregel betrachtet, kann darin eine Erklärung für die Doubletten und Widersprüche in den Geschichtsbüchern der Hebräischen Bibel gesehen werden, die ja auch damals schon aufgefallen sein müssen. Wenn man etwa in der »Priesterlichen Komposition« (s. S 93f.) zwei Traditionen ineinanderredigierte, tat man im Grunde ja nichts hinzu, weil beide Texte heilig waren, durfte aber auf keinen Fall nur um des logischen Ausgleichs willen etwas »davontun«; das war explizit verboten.

Das Credo Israels
»Ein umherirrender Aramäer war mein Vater; der zog hinab mit wenig Leuten nach Ägypten und blieb daselbst als Fremdling und ward daselbst zu einem großen, starken und zahlreichen Volke. Aber die Ägypter mißhandelten uns und bedrückten uns und legten uns harte Arbeit auf. Da schrieen wir zu dem Herrn, dem Gott unsrer Väter, und der Herr erhörte uns und sah unser Elend, unsre Mühsal und Bedrückung; und der Herr führte uns heraus aus Ägypten mit starker Hand und ausgerecktem Arm, unter großen Schrecknissen, unter Zeichen und Wundern, und brachte uns an diesen Ort und gab uns dieses Land, in dem Milch und Honig fließen. Und nun bringe ich dar die Erstlinge von den Früchten des Landes, das du mir gegeben hast, o Herr.« (5 Mose 26,5b-10a; ähnlich 5 Mose 6,20-25 mit dem ausdrücklichen Zweck der Kinderlehre)
Dieser Text galt sehr lange als ältestes geschichtliches Credo Israels. Erkennbar ist die Historisierung eines kanaanäischen Erntefestes.

Rolle des zukünftigen Königs wird zurückgeschnitten, vor allem, indem auch er dem Gesetz unterstellt wird: Er soll sein Leben lang im Deuteronomium lesen (5 Mose 17,18). Die alte Ladetradition (s. S. 48) erfährt eine Vergeistigung, indem sie jetzt zum Behälter für das Gesetz wird. Das 5. Buch Mose entwickelt den Begriff des ›berit‹ zwischen Gott und seinem Volk, nicht als ›Bund‹, sondern als Verfügung. Albertz erinnert an die assyrischen Vasallenverträge, die auch eher einseitig waren; jetzt, nach Ausfall der assyrischen Großkönige, tritt Jahwe an deren Stelle. Ein solcher ›berit‹ ist der Eid, den Gott den Vätern geschworen hat (5 Mose 7,6-11), die Theophanie am Sinai, mit der die Gesetzgebung verbunden wird, und das 5. Buch Mose selbst; als Abschiedsrede Moses wird es zum ›berit‹ von Moab (5 Mose 28,69 ff. bzw. 5 Mose 29,1 ff.), der mit jeder Generation erneuert wird

Zwei Propheten aus dem Prophetenfries am Bamberger Dom.

(5 Mose 5,1-3). Der Text, der dies alles festhält, wird für unabänderlich erklärt.

Die Vorschriften stellen eine sehr weit gehende soziale Gesetzgebung dar mit Verbot der Zinsnahme unter Israeliten, Steuererleichterungen, der Regelung einer Armenversorgung auf Ortsebene, der Empfehlung, Schuldsklaven bei ihrer Freilassung ein Startkapital zu geben. Schließlich war der Herr der Sklaven selbst einst Sklave in Ägypten; und wenn im Grundgesetz der Bundesrepublik Deutschland steht »Eigentum verpflichtet«, so gilt das schon im Deuteronomium für die Gaben Jahwes. Der Josia-Reform, die Tendenzen des hiskianischen Bundesbuches fortschreibt, verdankt die Jahwe-Religion »diesen starken Zug zur sozialen Solidarität mit den Schwachen« (Albertz).

Für die private Frömmigkeit entwickelt das Deuteronomium einen kleinen Katechismus mit Glaubensbekenntnis und den Zehn Geboten, wie es ja auch im ›Sch'ma Israel‹ (5 Mose 6,4-9) Gottes Gesetz wortwörtlich im Alltag ansiedelt (s. S. 61). Das 5. Buch Mose (5 Mose 6-21) ist der ursprüngliche Ort des Dekalogs,

Mose mit den Gesetzestafeln in einer Miniatur eines hebräischen Gebetbuchs, 14. Jh.

Die Zehn Gebote
1. Ich bin der Herr, dein Gott, der ich dich aus dem Lande Ägypten, aus dem Sklavenhause herausgeführt habe; du sollst keine anderen Götter neben mir haben.
2. Du sollst dir kein Gottesbild machen, in keinerlei Gestalt ...
3. Du sollst den Namen des Herrn, deines Gottes, nicht mißbrauchen; denn der Herr wird den nicht ungestraft lassen, der seinen Namen mißbraucht.
4. Achte auf den Sabbattag, daß du ihn heilig haltest, wie dir der Herr, dein Gott, geboten hat ...
5. Ehre deinen Vater und deine Mutter, wie dir der Herr, dein Gott, geboten hat, auf daß du lange lebest und es dir wohl ergehe in dem Lande, das der Herr, dein Gott, dir geben will.
6. Du sollst nicht töten.
7. Du sollst nicht ehebrechen.
8. Du sollst nicht stehlen.
9. Du sollst nicht falsches Zeugnis reden wider deinen Nächsten.
10. Du sollst nicht verlangen nach dem Weibe deines Nächsten und nicht begehren nach dem Hause oder Acker deines Nächsten, nach seinem Sklaven oder seiner Sklavin, nach seinem Rinde oder seinem Esel, nach irgend etwas, was dein Nächster hat. (5 Mose 5,6-21)

wo er auch in den Kontext paßt, während er im 2. Buch Mose (2 Mose 20,1-17) ersichtlich eingeschoben ist.

Die beiden Versionen differieren am stärksten im Sabbatgebot, das vor allem als privates Bekenntnis jeder Familie zu Jahwe im Exil wichtig wurde und so auch eine Funktion in der sozialen Kontrolle der Exilierten hatte. Die Fassung des Gebots 5 Mose 5,12-15 zielt stark auf den sozialen Aspekt eines Ruhetages ab, während 2 Mose 20,8-11 an Gottes Sabbat am siebten Schöpfungstag anknüpft, also den Priesterlichen Schöpfungsbericht bereits voraussetzt. Da Mose in 5 Mose 5 die Gebote zitiert, gehen sie wohl in der Hauptsache dem übrigen 5. Buch Mose voraus.

Aber am siebenten Tage ist der Sabbat des Herrn, deines Gottes. Da sollst du keine Arbeit tun noch dein Sohn noch deine Tochter noch dein Knecht noch deine Magd noch dein Ochse noch dein Esel noch all dein Vieh noch dein Fremdling, der in deinen Toren ist, auf daß dein Knecht und deine Magd ruhe gleich wie du. Denn du sollst gedenken, daß du auch Knecht gewesen bist in Ägyptenland und der Herr, dein Gott, dich von dort ausgeführt hat mit einer mächtigen Hand.
5 Mose 5,14,15a

Im Exil oder auch in Juda während der Exilzeit wird das Deuteronomium, das 5. Buch Mose, als Geschichtswerk des Exodus von der Landnahme über Richter- und Königszeit bis zum Exil fortgeschrieben. Es entsteht jenes von Jahwe und seiner richtigen Verehrung bestimmte Geschichtswerk, das auf S. 32-53 dargestellt wurde.

»Ein von einem Ausschuß erfundenes Pferd« – der endgültige Pentateuch

Der ehemalige US-Außenminister Henry Kissinger soll einmal gesagt haben, ein Kamel sei ein von einem Ausschuß entworfenes Pferd. Auf den Pentateuch angewendet, erklärt das nach Blum und vor allem nach Albertz sozusagen dessen Zweihöckrigkeit.

Laut dem Esra-Buch wird Esra vom persischen Großkönig beauftragt, in Jerusalem und Juda das Gesetz seines Gottes bekannt zu machen und danach zu verfahren. Albertz sieht darin ein auch sonst für persische Provinzen bezeugtes Interesse an der Kultordnung der unterworfenen Völker. Israel bekommt also die Chance, seine gesamten Traditionen amtlich zu sichern. »Dadurch setzten sich aber die jüdischen Gruppierungen dem Zwang aus ..., einen für die Mehrheit tragfähigen Kompromiß zu schließen«, den man gleichzeitig den Persern zeigen konnte.

Albertz sieht diesen Kompromiß in einem Nebeneinander zweier bis zur Gegensätzlichkeit widersprüchlicher Richtungen: Ist die Religion Israels eine Geschichts- oder eine Kultreligion, eine Staatsreligion oder unkontrolliert prophetisch, eine Befreiungs- oder eine Königs- und Zionstheologie? Was ist wichtiger, ein geregelter Tempelkult oder die Gestaltung der sozialen Beziehungen?

Der erste Entwurf, der »Vorpriesterliche Pentateuch«, geht auf Laientheologen um 500 v. Chr. zurück. Sie schalten dem Exodus die Erwählung der Erzväter vor; da eine Urgeschichte fehlt, gibt es eine Universalität erst in der Zukunft, nicht von Anfang an. Die Landverheißung an die Väter wird zur aktuellen Botschaft an die Exilierten, zur Aufforderung zur Rückkehr. Das Königtum kommt nicht vor, »Tempel, Kult und Priesterschaft« treten völlig zurück. Der Kult wird dem Gesetz nachgeordnet und ist priesterlos; des Priesters Aaron gelinde gesagt dubiose Rolle beim Goldenen Kalb gehört in diese Schicht. Prophetie wird akzeptiert, aber mit Hilfe der Thora des Mose domestiziert (4 Mose 12,1-9).

Der Text endet so, daß sich das zuvor entstandene deuteronomistische Geschichtswerk anschließt, ohne zu seinem Teil zu werden. Dies betont zum einen die bis zum heutigen Judentum absolute Vorrangstellung des Pentateuchs, kann aber nach Albertz auch darin seinen Grund haben, daß man die Berichte über die gewaltsame Landnahme und das Heil der Königszeit nicht den Persern zur Genehmigung vorzulegen wagte.

Die Priesterliche Komposition

Die offensichtliche Zweihöckrigkeit unseres vom Ausschuß entworfenen Pferdes vermag Albertz nicht einfach einer priesterlichen Redaktion zuzuschreiben – zu vieles steht dafür unausgeglichen nebeneinander. Er schlägt deshalb die Hypothese vor, daß Laientheologen und Priesterpartei wechselseitig ihre Schriften gekannt hätten – ein wenig so wie beim Westfälischen Frieden, wo man erst zur Schlußunterschrift zusammenkam und sich bis dahin nur von Delegation zu Delegation die Schriftsätze zugeschickt hatte. So erkärt er sich den eigentümlichen Charakter des Endergebnisses als »gefrorenen Dialog«, bei dem die eine Seite die Positionen der anderen »ergänzt, korrigiert und sogar bekämpft«, sie aber dann doch »als gleichfalls mögliche und legitime Gesichtspunkte stehenläßt«.

Am Ende stehen dann die von Goethe beklagten durch »eine höchst sonderbare, unbegreifliche Redaction« »sonderbar, ja unbegreiflich redigirten Bücher« (s. S. 56 f.). Tempel und Kultgerät werden in priesterlichem Interesse schon am Sinai abschließend geregelt (2 Mose 25,1-31,1). Damit die »Herrlichkeit des Herrn«

erscheint, bedarf es eines minuziös geschilderten umfänglichen Opferrituals Aarons (3 Mose 9); generell garantiert der richtige Kultus die Nähe Jahwes (2 Mose 29,42-46). Der ist jetzt aber nicht mehr königlich, sondern rein priesterlich; der Cherubthron tritt zugunsten der spirituelleren Bundeslade zurück. Andererseits kann von einer Laisierung nicht die Rede sein; die rechtmäßigen Priester schützen das Volk sozusagen vor dem Numinosen, das es sonst vernichten könnte (4 Mose 17,27 f.). Ein Anspruch auf allgemeines Priestertum wird direkt erhoben (4 Mose 16,3) und durch ein Gottesurteil vernichtend abgeschmettert (4 Mose 16,35).

Die Integration der schon formulierten ›jahwistischen‹ Urgeschichte läßt das von Jahwe gewollte Heil von vornherein universell erscheinen. Dementsprechend werden die historisch gewachsenen Gottesbezeichnungen jetzt systematisch durch simple redaktionelle Gleichungen ausgeglichen: Der Schöpfergott Elohim ist der El-Schaddaj der Vorväter (1 Mose 17,1), und der wiederum ist der Jahwe Israels (2 Mose 6,2 f.). Die Spannungen aber, die mit diesen Gottesbildern verbunden sind, leben weiter in einem Geschichtswerk, das jetzt den gewaltigen Bogen schlägt von der Schöpfung über Noah und die Väter, Mose, Josua und die Richter, Saul und die Davididen bis zum universellen Heil in Elohim-Jahwe auch jenseits eines staatlich verfaßten Israel.

Chronik, Esra, Nehemia

Diese Bücher stellen ein weiteres selbständiges Geschichtswerk dar, das von Adam bis zum Wiederaufbau Jerusalems nach dem Exil reicht. Überwiegend geschieht dies durch lange Genealogien, an die später weitere Genealogien, so die Sauls (1 Chr 8; 9,1b-44), und Materialien angehängt wurden. Für die erzählerischen Partien ist, trotz umfangreicher Berufungen auf weitere Quellen, das deuteronomistische Geschichtswerk die Vorlage. Hier erlauben Vergleiche, die Tendenz zu einer stärkeren Idealisierung etwa Davids

Der Prophet Esra. Diese schöne Buchmalerei aus dem Codex Amiatinus entstand um 700, nach einer Vorlage in einem Werk von Cassiodor um 490–583.

herauszuarbeiten, auf dessen gewaltige Rücklagenbildung und private Spenden die Anfänge des Tempelbaus zurückgeführt werden. Für die nachexilische Zeit mit Esra, mit dem die Kanonisierung des Pentateuch verbunden wird (s. S. 15), und den Wiederaufbau und die Ummauerung Jerusalems stehen dem Chronisten aktuelle Quellen zur Verfügung, so ein in der Ich-Form gehaltener Beamtenbericht des im Exil aufgestiegenen Diaspora-Juden Nehemia, der als Aufbaukommissar nach Jerusalem geschickt wird. Das im 4. oder 3. Jahrhundert v. Chr. entstandene Werk endet mit Nehemias Kampf gegen die Mischehen, gegen üblich gewordene Gesetzesverstöße und mit einer neuen Dienstordnung für Priester, Leviten und Sänger: »Gedenke mir's, mein Gott, zum Besten!« (Neh 13,31)

An ihrem Ende öffnet sich die Hebräische Bibel hin zum Menschenwort. In den Prophetenworten hatte Gott direkt durch das von ihm ›ergriffene‹ Medium gesprochen, in den Geschichtsbüchern hatte er sich in seinen Worten und seinem Handeln offenbart. In den ›Schriften‹ nun spricht im Dialog mit Gott der Mensch; am deutlichsten in den Psalmen, die man mit einer berühmten Formel »die Antwort Israels« genannt hat, aber auch im Exemplum der Hiobsdichtung und den Sprüchen und Lebensregeln für ein geglücktes Erdenleben.

Die Psalmen

Die hebräische Bezeichnung der Psalmen lautet »Tehillim«, von Martin Buber mit »Preisungen« wiedergegeben. Griechisch ›psalmos‹ meint ein zu einem Saiteninstrument gesungenes Lied; ›psalterion‹ kann sowohl das Saiteninstrument – eine Standleier – als auch eine Sammlung solcher Psalmen meinen, eben den Psalter. Durch Zusammenlegung und Trennung einzelner Psalmen differiert die Zählung nach der Hebräischen Bibel (der Luthers Übersetzung folgt) geringfügig von der der LXX, der wiederum die Vulgata und damit auch die katholische Liturgie folgen.

Mesopotamische Leier, nach einer in Ur gefundenen Leier aus der Zeit um 2500 v. Chr.

Das in der Endredaktion im 3. Jahrhundert v. Chr. abgeschlossenene Buch zählt 150 Lieder, in denen ältere Teilsammlungen noch erkennbar sind: 3-41 (außer 37) gelten als Lieder »Davids« und werden bisweilen fiktiv Situationen in seinem Leben zugeordnet, 42-49 einer Gruppe »Korah«, 73-83 einer Gruppe »Asaph«, was eventuell Gilden von Tempelsängern waren. 120-134 sind als »Wallfahrtslieder« überschrieben, obwohl das im strengen Sinne nur 84 und 122 und vielleicht 121 sind. Ein ganz anderes Ordnungsprinzip bieten die ›elohistischen‹ Psalmen 42-83, in denen ›Jahwe‹ systematisch durch ›elohim‹ ersetzt ist, wie

Die trauernden Juden im Exil. Das Gemälde von Eduard Bendemann (1832) hat die Trauer der in Babylon gefangen gehaltenen Juden zum Thema.

eine Dublette noch in der Übersetzung deutlich zeigt: Psalm 14 redet vom ›Herrn‹ (= Jahwe), Psalm 53 von ›Gott‹ (= elohim).

Die Endredaktion hat, wohl in Analogie zu den fünf Büchern Mose, das Gesamtwerk in fünf Bücher abgeteilt, erkennbar an den Lobversen, mit denen jedes Buch endet, bis der 150. Psalm dann reiner Jubel ist: 1-41, 42-72, 73-89, 90-106, 107-150.

Nur in wenigen Fällen ist das Alter auszumachen; 110 und 132 gehören in die Königszeit, 137 ist der berühmte Exilpsalm »An den Wassern zu Babel saßen wir und weinten, wenn wir an Zion gedachten«, 126 ist nachexilisch, 19,2-7 gilt aus sprachlichen Gründen als sehr alt und 119 als jung.

Eine ganze Reihe von Psalmen weist eine zusätzli-

Und solt der Psalter allein deshalben thewr und lieb sein/das er von Christus sterben und aufferstehung/so klerlich verheisset/und sein Reich und der gantzen Christenheit stand und wesen fürbildet. Das es wol möchte eine kleine Biblia heisse/darin alles auffs schönste und kürtzest/so in der ganzen Biblia stehet/gefasset und zu einem feinen Enchiridion oder Handbuch gemacht und bereitet ist. Das mich dünckt/der heilige Geist habe selbs wöllen die mühe auf sich nehmen/und eine kurtze Bibel und Exempelbuch von der gantzen Christenheit oder allen Heiligen zusamen bringen. Auff das/wer die gantzen Biblia nicht lesen kündte/hette hierin doch fast die gantze Summa verfasset in ein klein Büchlin.

Martin Luther, Vorrede auf den Psalter, 1545

Bertel Thorvaldsen: Segnender Christus, um 1820.

che Schmuckform auf: In ihnen folgt der Zeilenbeginn jeweils dem hebräischen Alphabet (Ps 9; 10; 25; 34; 37; 111; 112; 145) was auch bei den Klageliedern Jeremias 1-4 der Fall ist. In Psalm 119, dem »Güldenen ABC«, beginnen sogar jeweils die acht Zeilen der zweiundzwanzig Strophen mit demselben Buchstaben des hebräischen Alphabets. Wie bei den zweiundzwanzig Büchern im Kanon des Josephus (s. S. 20) und unserem »A und O« (vom griechischen Alphabet) kann damit die Schönheit des Vollkommenen, des Vollständigen zum Ausdruck gebracht werden.

Über den Königstitel »Gesalbter« in den Psalmen erwuchs in der Nachkönigszeit die Hoffnung auf einen zukünftigen ›Gesalbten‹, auf hebräisch ›Messias‹ und auf griechisch ›christos‹. In diesem Sinne belehrt der auferstandene Jesus seine Jünger, die Psalmen handelten von ihm (Lk 24,44; s. S. 136). Ein Drittel aller Zitate aus dem Ersten Testament im Zweiten stammt aus dem Psalter.

Deshalb hat Luther den Psalter außerordentlich geschätzt und oft in Vorlesungen behandelt; auf ihn geht der Brauch zurück, evangelischen Ausgaben des Neuen Testaments stets die Psalmen beizugeben. Als menschliche Rede vergleicht Luther den Psalter in der Vorrede zu diesem Teil der Bibel mit Heiligenlegenden, nur daß die Psalmen die Worte der Heiligen widergäben, nicht die Taten. In ihrem Lob und Dank und ihrer Klage, bei der man oft in Dunkel und Hölle blicke, »auch, wo sie von Furcht und Hoffnung reden, brauchen sie solcher Wort, daß dir kein Maler also künnte die Furcht oder Hoffnung abmalen und kein Cicero oder Redkündiger also fürbilden.« Man kann in den Psalter wie in einen Spiegel blicken, so daß der Leser »Psalmen und Wort drinnen findet, die sich auf seine Sachen reimen und ihm so eben sind, als wären sie allein um seinetwillen aufgesetzt.« So wird der Psalter »zum rechten Gnothi seauton«, zum ›Erkenne dich selbst‹ aus dem Tempel in Delphi.

Beim Vergleich mit einem Maler, einem Rhetoriker oder gar mit dem größten lateinischen Redner Cicero wird deutlich, daß Luther auch die ästhetische Seite dieser Lieder gesehen und ihr in seiner Übersetzung Rechnung getragen hat; sie war ihm aber nur wichtig, sofern sie den Inhalt unterstrich und verstärkte. Es war daher dem 18. Jahrhundert vorbehalten, die ästhetische Seite des Psalters zu entdecken, wie das programmatisch die Schrift des anglikanischen Bischofs Robert Lowth tat: »De sacra poesia Hebraeorum« von 1753. Darin beschreibt er als Grundzug der hebräischen Poesie den ›parallelismus membrorum‹ das Verfahren in parallelem ›Vers‹-Bau Dinge grammatisch zu wiederholen und dabei synonym (»sondern hat Lust zum Gesetz des Herrn und redet von seinem Gesetz Tag und Nacht« (Ps 1,2), antithetisch (»Denn der Herr kennt den Weg der Gerechten; aber der Gottlosen Weg vergeht« (Ps 1,6) oder synthetisch, d.h. weiterführend zu

»Beruht nicht aller Rhythmus, Tanz und Wohlklang, ja ich möchte sagen alle Anmut sowohl in Gestalten als in Tönen auf Symmetrie? und zwar auf einer leicht zu fassenden Symmetrie, auf Simplizität im Ebenmaße? ... Und ist nicht der ebräische Parallelismus das simpelste Ebenmaß in Gliedern der Gedichte, Bildern und Tönen? Die Silben wurden noch nicht genau skandiert und gemessen, auch nicht einmal überall gezählt, aber Symmetrie in ihnen ist dem blödesten (= dem schwächsten) Ohre vernehmbar.«
»Die schönsten und natürlichsten Odengattungen sind's durch den Parallelismus ... Die beiden Glieder bestärken, erheben, bekräftigen einander in ihrer Lehre oder Freude. Bei Jubelgesängen ist's offenbar; bei Klagetönen will es die Natur des Seufzens und der Klage ... Bei Lehroden bekräftigt ein Spruch den andern: es ist als ob der Vater zu seinem Sohne spräche und die Mutter es wiederholte ... Nur freilich hat der ebräische Parallelismus vor unseren nordischen Sprachen das voraus, daß er mit seinen wenigen Worten die Region schön ordnet und zuletzt prächtig in der Luft verhallen lässet; für uns ist er beinah unübersetzbar.«

Johann Gottfried Herder: Vom Geist der ebräischen Poesie

verfahren (»Aber so sind die Gottlosen nicht, sondern wie Spreu, die der Wind verweht« (Ps 1,4)). Eine regelrechte Metrik ist sehr schwer auszumachen; gewirkt haben die Psalmen in der deutschen Dichtung gerade wegen ihrer freien Rhythmik.

Lowth hat mit seiner epochalen Schrift den Blick auf den historischen Charakter der Bibel jenseits ihrer Dimension als Offenbarungsbuch frei gemacht und damit die ihrerseits bahnbrechenden Arbeiten des Göttinger Orientalisten und Alttestamentlers Johann David Michaelis (1717–1791) angeregt. Andererseits fußt auch Herder mit seiner ästhetischen Wertung der hebräischen Bibel, die sie als uralte Menschheitsdichtung neu erschloß, auf Robert Lowth.

Solche Lieder finden sich in der gesamten Hebräischen Bibel; Davids Totenklage um Saul und Jonathan wurde oben zitiert (s. S. 47); weitere berühmte Beispiele sind das Lied Moses (5 Mose 32,1-43), das große Schilfmeerlied (2 Mose 15,1-18), das Mirjamlied (2 Mose 15,21b), das Deboralied (Ri 5,1-31), der Hannapsalm (2 Sam 1,19-27) der Jonapsalm (Jon 2,3-10); die Konfessionen Jeremias (Jer 11,18-23; 12,1-6; 15,10-21; 17,12-18; 18,19-23; 20,7-18) sind Klagepsalmen.

Gattungen

H.J. Boecker referiert übersichtlich die von Frank Crüsemann erstellte Gattungsübersicht der Psalmen: Das kurze Mirjamlied, das vielfach als uralt gilt, bildet die Grundform eines Lobpsalms in Form eines »imperativischen Hymnus«:

»Singet Jahwe!
Ja, hoch erhob er sich,
Roß und Wagenführer warf er ins Meer.«

Solche Lobpsalmen befehlen das Lob Jahwes und preisen als Grund seine großen Taten an Israel (z. B. Ps 103; 104; 113; 135).

Die zweite hymnische Grundform ist der ›partizipiale Hymnus‹, bei dem an den Gottesnamen preisende Partizipien angehängt werden, die im Deutschen als Relativsätze erscheinen (z. B. Ps 136). In zahlreichen

Psalmen kommt es auch zu Verbindungen dieser Elemente, z.B. im Psalm 135.

Weiter unterscheidet Crüsemann noch den Jahwe anredenden Hymnus des einzelnen (Ps 8) und das Danklied des einzelnen (Ps 30), das zuerst Jahwe anredet und dann den Hörern von seinen Taten in der dritten Person erzählt.

Zwei Gruppen von Psalmen berichten von einer Thronbesteigung Jahwes oder von Jahwes Königtum,

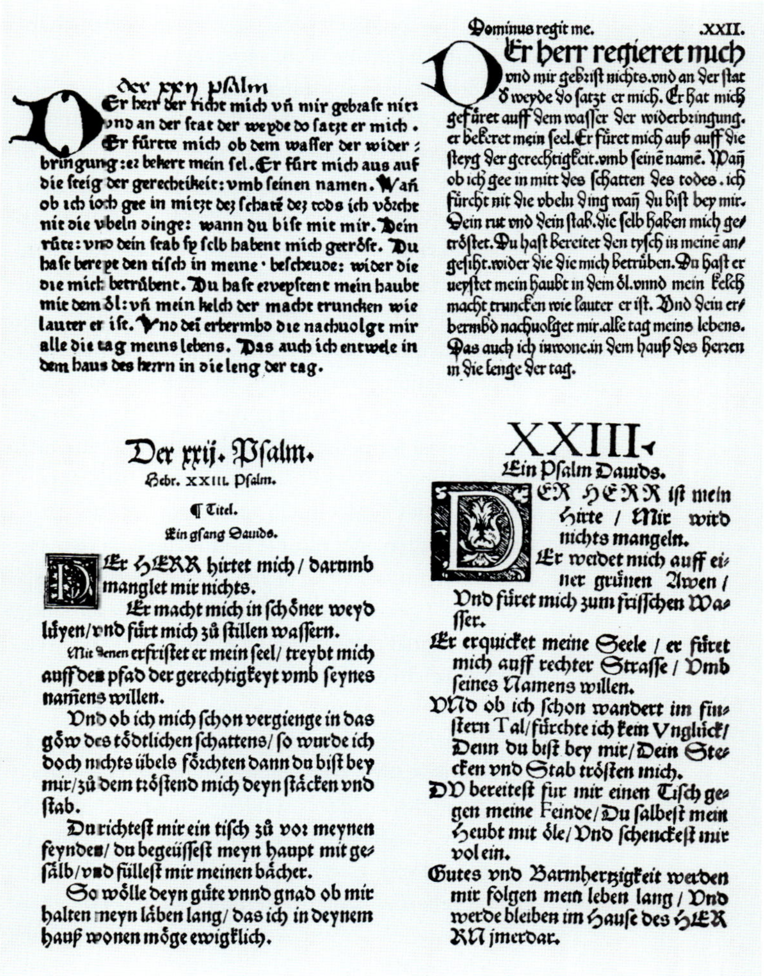

der xxii psalm
DEr herr der richt mich vñ mir gebrast nit:
vnd an der stat der weyde do satzt er mich.
Er fürtte mich ob dem wasser der wider=
bringung: er bekert mein sel. Er fürt mich aus auf
die steig der gerechtikeit: vmb seinen namen. Wañ
ob ich joch gee in mitzt der schatē der tods ich vörcht
nit die vbeln dinge: wann du bist mit mir. Dein
rüte: vnd dein stab sy selb habent mich getröst. Du
hast berept den tisch in meine bescheude: wider die
die mich betrübent. Du hast erueystent mein haubt
mit dem öl: vñ mein kelch der macht truncken wie
lauter er ist. Vnd dei erbermbd die nachuolgt mir
alle die tag meins lebens. Das auch ich entwele in
dem haus des herrn in die leng der tag.

Dominus regit me. .XXII.
DEr herr regieret mich
vnd mir gebrist nichts. vnd an der stat
d weyde do satzt er mich. Er hat mich
gefüret auff dem wasser der widerbringung.
er bekeret mein seel. Er füret mich auß auff die
steyg der gerechtigkeit. vmb seinē namē. Wañ
ob ich gee in mitt des schatten des todes. ich
fürcht nit die vbeln ding wañ du bist bey mir.
Dein rut vnd dein stab. die selb haben mich ge/
tröstet. Du hast bereitet den tysch in meinē an/
gesiht. wider die die mich betrüben. Du hast er
ueystet mein haubt in dem öl. vnnd mein kelch
macht truncken wie lauter er ist. Vnd dein er/
bermbd nachuolget mir. alle tag meins lebens.
Das auch ich inwone. in dem hauß des herren
in die lenge der tag.

Der xxij. Psalm.
Hebr. XXIII. Psalm.
¶ Titel.
Ein gsang Dauids.
DEr HERR hirtet mich / darumb
manglet mir nichts.
Er macht mich in schöner weyd
läyen / vnd fürt mich zů stillen wassern.
Mit denen erfristet er mein seel / treybt mich
auff den pfad der gerechtigkeyt vmb seynes
namens willen.
Vnd ob ich mich schon vergienge in das
göw des tödtlichen schattens / so wurde ich
doch nichts übels förchten dann du bist bey
mir / zů dem tröstend mich deyn stäcken vnd
stab.
Du richtest mir ein tisch zů vor meynen
feynden / du begeüssest meyn haupt mit ge=
sälb / vnd füllest mir meinen bächer.
So wölle deyn güte vnnd gnad ob mir
halten meyn läben lang / das ich in deynem
hauß wonen möge ewigklich.

XXIII.
Ein Psalm Dauids.
DER HERR ist mein
Hirte / Mir wird
nichts mangeln.
Er weidet mich auff ei=
ner grünen Awen /
Vnd füret mich zum frisschen Wa=
sser.
Er erquicket meine Seele / er füret
mich auff rechter Strasse / Vmb
seines Namens willen.
VNd ob ich schon wandert im fin=
stern Tal / fürchte ich kein Vnglück /
Denn du bist bey mir / Dein Ste=
cken vnd Stab trösten mich.
DV bereitest für mir einen Tisch ge=
gen meine Feinde / Du salbest mein
Heubt mit öle / Vnd schenckest mir
vol ein.
Gutes vnd Barmhertzigkeit werden
mir folgen mein leben lang / Vnd
werde bleiben im Hause des HER=
RN jmerdar.

Vier Übersetzungen des Psalm 23: Mentelin-Bibel 1466, Koberger Bibel 1483, Zürcher Bibel 1531, Luther-Bibel 1534 (Der Herr ist mein Hirte).

so Ps 93; 97 und 99 mit der stereotypen Einleitung »Der Herr ward König« und Ps 47; 95; 96; 98, die dies in der Form des imperativischen Psalms tun.

Eine sehr wichtige Gruppe bilden die Klagepsalmen des einzelnen mit ihren Fragen »Warum?« (z.B. Ps 22,2; 42,10; 43,2; 88,15) und »Wie lange?« (z. B. Ps 13,2; 35,17; 74,10). Der einzelne klagt in Krankheit, Todesnot und Rechtsnot. Uns heutige befremdet die Apostrophierung der Feinde und der Wunsch nach exzessiven Strafen für sie. Deshalb weist Boecker darauf hin, daß die den Unschuldigen bedrängenden Feinde auch immer zugleich Jahwes Recht verletzen; und er ist es auch, der sie deshalb strafen soll.

Erklärungsbedürftig ist ebenfalls der Stimmungsumschwung in einigen Klagepsalmen, z.B. in 22, wo ab Vers 23 der Dank beginnt. Dies ist wohl zeitlich zu verstehen: Entweder erzählt der Beter in einem Dankgottesdienst den Mitfeiernden erst von der Not, dann von der erfahrenen Hilfe, oder er ist sich der Hilfe so sicher, daß er für die Zukunft jetzt schon dankt.

Von einer individuellen Deutung, etwa in Form der Rekonstruktion einer Notlage, ist die Forschung abgerückt; denn auch das Textgut der Klagepsalmen des einzelnen ist formelhaft und kultbezogen, wenn auch vielleicht eher auf der Ebene von Familie und Sippe als auf der des Tempels. Ob auch diese Psalmen gesungen wurden oder nur die im Kult verankerten erkennbar hymnischen Gedichte ist unsicher. Das bis heute nicht geklärte »Sela«, das häufig in den Psalmen steht, begegnet gehäuft in den Einzelpsalmen, wo es dann vielleicht ein ›Lesezeichen‹ – für eine Pause? – wäre.

Auffallend ist eine spezifische Armenfrömmigkeit der Psalmen; über zwanzig Stellen preisen den Gott oder rufen ihn an, der besonders den Armen hilft, ihnen Recht schafft und sie erlöst – wie in Jesaja 61,1 verheißen und von Jesus eingelöst: »Blinde sehen und Lahme gehen, Aussätzige werden rein und Taube hören, Tote stehen auf und Armen wird das Evangelium gepredigt.« (Mt 11,5)

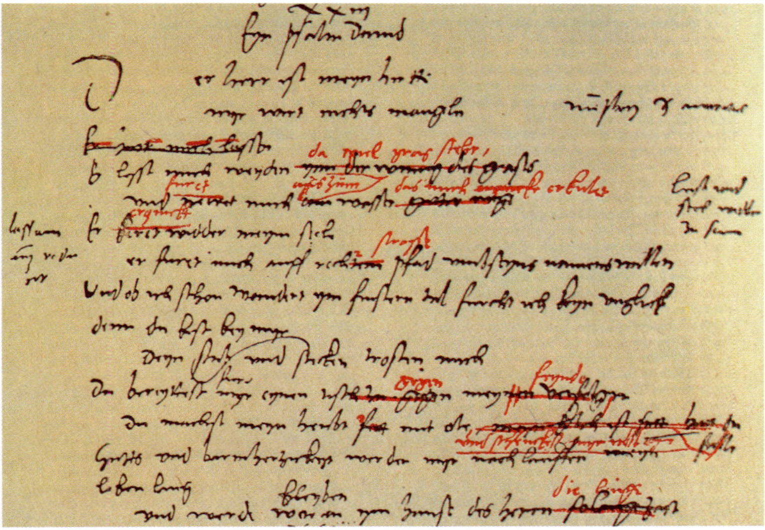

Psalm 23 in Luthers Handschrift (deutsche Übersetzung 1524).

In den »Klageliedern des Volkes« tritt bei großen allgemeinen Unglücken bis hin zur Zerstörung Jerusalems und des Tempels das ›Wir‹ an die Stelle des ›Ich‹. Psalm 44 zählt in Vers 2-9 Gottes große Taten in der Vergangenheit auf; die Verse 10-23 schildern die Not in der Gegenwart, die Verse 24-27 artikulieren dann die Bitte.

Zur Aktualität der Psalmen zitiert Boecker Rilke: »Ich habe die Nacht einsam hingebracht ... und habe schließlich ... die Psalmen gelesen, eines der wenigen Bücher, in dem man sich restlos unterbringt, mag man noch so zerstreut und ungeordnet und angefochten sein.« Rilke wiederholt hier etwa vierhundert Jahre später Luthers Erfahrung, jeder könne sich im Psalter finden, als käme er wirklich dort vor. Gerade die Gattungsforschung zu den Psalmen hat deutlich gemacht, daß aus den Psalmen nicht irgendein Individuum aus einer fernen Vergangenheit zu uns spricht, sondern daß sich hier vielmehr die Leid- und Glaubenserfahrung vieler Generationen von Beterinnen und Betern verdichtet haben.

Ein Psalm Davids
DER HERR ist mein Hirte/Mir wird nichts mangeln./Er weidet mich auff einer grünen Awen/und füret mich zum frischen Wasser./Er erquicket meine Seele/er fürt mich auf rechter Strasse/ Umb seines Namens willen./Und ob ich schon wandert im finstern Tal/fürchte ich kein Unglück/Denn du bist bey mir/ Dein Stecken und Stab trösten mich./ Du bereitest für mir einen Tisch gegen meine Feinde/Du salbest mein Heubt mit öle/ Und schenckest mir vol ein./ Gutes und Barmhertzigkeit werden mir folgen mein Leben lang/Und werde bleiben im Hause des HERRN jmerdar.

Ein Harfenlied Dawids
ER ist mein Hirt,/mir mangelts nicht./ Auf Grastriften/lagert er mich,/zu Wassern der Ruh/ führt er mich./Die Seele mir/ bringt er zurück,/er leitet mich/ in wahrhaftigen Gleisen/um seines Namens willen. –/ Auch wenn ich gehn muß/durch die Todschattenschlucht,/ fürchte ich nichts Böses,/denn du bist bei mir,/dein Stab, deine Stütze –/die trösten mich./Du rüstest den Tisch mir/ meinen Drängern zugegen,/streichst das Haupt mir mit Öl,/mein Kelch ist Genügen./Nur Gutes und Holdes/verfolgen mich nun/alle Tage meines Lebens,/ich kehre zurück/zu DEINEM Haus/für die Länge der Tage.

Psalm 23 in verschiedenen Übersetzungen: Ganz links die Übersetzung Martin Luthers von 1545, daneben die Übersetzung Martin Bubers von 1958, daneben folgt der Psalm 22 (nach der Zählung der Vulgata) in der offiziellen deutschen Übersetzung der von Pius XII. angeordneten neuen lateinischen Fassung des Psalters für den liturgischen Gebrauch durch Romano Guardini 1949. Diese Übersetzung wurde von dem Alttestamentler Professor Hubert Junker mit dem hebräischen Urtext abgeglichen. Ganz rechts die Übersetzung des Schriftstellers Arnold Stadler.

Die Weisheitsliteratur

Sie wird so genannt, weil es nicht nur in der Hebräischen Bibel eine ganze Reihe von Schriften gibt, bei denen das Ringen um und das Vermitteln von ›Weisheit‹ (gr. ›sophia‹) wichtig ist. Sie richtet sich nicht an Gottes Offenbarung im Gesetz, im Prophetenwort oder im Gang der Geschichte aus, sondern an der Erfahrung der Welt; ihr Ziel ist nicht das Bestehen vor Gott, sondern das geglückte Leben in der Welt. Insofern ist sie völkerübergreifend, man kann von einer altorientalischen Weisheitslehre sprechen; das Buch der Sprichwörter (Spr 22,17-23,11) hat z.B. überlieferte ägyptische Vorbilder. In der Hebräischen Bibel begegnet die Weisheitsliteratur in den »Sprüchen Salomos«, im Buch »Hiob« und im »Prediger Salomo«, aber auch das Buch »Ruth« oder die Josephsgeschichte können als Weisheitsnovellen bezeichnet werden (s. S. 63); bei den deuterokanonischen Schriften sind die »Weisheit Salomos« und das Buch »Jesus Sirach« typische Weisheitssammlungen.

Die Sprüche Salomos

Die Zuweisung der »Sprüche« – hebräisch ›Mischle‹, griechisch ›Paroimiai‹, lateinisch ›Proverbia‹ – an Salo-

Gottes Hirtensorge
Der Herr ist mein Hirt, nichts kann mir fehlen;/Er läßt mich rasten auf grüner Au.//Er führt mich zur Ruh an lebendige Wasser,/gewährt meiner Seele Erquikkung.//Auf rechten Wegen leitet er mich,/um Seines Namens willen.//Und müßte ich gehen in dunkler Schlucht,/ ich fürchte kein Unheil: Du bist bei mir.//Dein Stock und dein Stab,/sie geben mir Zuversicht.//Den Tisch bereitest du mir/Ins Angesicht denen, die mich bedrängen.//Du salbest mit Öl mein Haupt./Und übervoll ist mein Becher.//Die Huld und die Gnade gehen mir nach/Durch all meines Lebens Tage,//und wohnen darf ich im Hause des Herrn/durch lange und lange Zeit.

Psalm 23
Er ist mein Hirt./Und mir fehlt nichts./ Er gibt mir Licht und Leben./Es ist wie am Wasser./Er stillt meinen Durst./Er sagt mir, wie's weitergeht./Er ist der Gott, auf den ich hoffte.//Auch dann, wenn ich durch eine Nacht/muß (meine Nacht),/gerade dann habe ich keine Angst./Vor nichts./Denn es ist einer bei mir:/und das bist Du./Du gehst mir voraus./Das ist meine Hoffnung./Du deckst mir den Tisch./Meine Feinde sehen es/und können nichts machen./Du machst mich schön./Es ist ein Fest!/ Und so wird es weitergehen,/solange ich am Leben bin/und sein darf,/bei IHM.

mo beruht auf dem ersten Buch der Könige 5,9-14, wo dem Sohn Davids 3000 Sprüche und 1005 Lieder zugeschrieben werden. Das historisch Gewachsene des Ganzen zeigen die Überschriften von Teilsammlungen (1,1; 10,1; 22,17; 24,23; 25,1; 30,1; 31,1), die auch in der LXX tatsächlich zum Teil anders angeordnet sind.

Generell ist die Form weisheitlicher Lehre nicht das Gebot, das auf Offenbarung, sondern die Regel, die auf Beobachtung und Überlieferung beruht. Das hebräische Wort ›hakam‹ umfaßt deshalb auch die Kunstfertigkeit, den Handwerksbrauch, den Sachverstand, ganz ähnlich dem gr. ›techne‹ allgemein das ›Knowhow‹ des gelingenden Lebens.

Da Quelle dieser Beobachtungen, Maßstab dieser Regeln für Israel aber die Welt als Schöpfung Gottes ist, muß auch die Weisheit göttlichen Ursprungs sein, und insofern bietet die Weisheit Schöpfungstheologie, denn es gilt ja: »Jahwe hat in Weisheit die Erde gegründet, den Himmel in Einsicht festgemacht« (Spr 3,19), und zwar in allen Einzelheiten: »Wie zahlreich sind deine Werke, Jahwe, sie alle hast du in Weisheit erschaffen« (Ps 104,24). Sprüche 8,22-31 ist ein Hymnus auf die Weisheit, die als erstes Geschöpf Gottes bei der Schöpfung zugegen war und insofern auch ›von Ewigkeit her‹ ist, ein Lobpreis, der den Prolog des Johannes-Evangeliums beeinflußt haben könnte (Joh 1,1-14). So wie »die Furcht des Herrn der Weisheit Anfang« ist (Spr 1,7), führt umgekehrt die Suche nach Weisheit zur »Furcht des Herrn« (Spr 2,1-5). Insofern gilt für ihre Erkenntnisse auch das, was für Gottes Thora gilt (5 Mose 6,8 f.; s. S. 61); man soll sie sich um oder an den Hals binden und ins Herz schreiben oder darauf festbinden (Spr 3,3; 6,20f.).

In personifizierter Form steht sie am Scheideweg und ruft zum Rechten (Spr 8,1 ff.); am Beginn von Kapitel 9 lädt sie die Verständigen in ihr Haus, wie es Frau Torheit mit den Unverständigen tut.

Adressat ist ein jeder, der Unerfahrene gewinnt durch sie Erfahrung (Spr 1,4), während der Weise noch weiser wird (Spr 9,9).

Als einfachste Formen hebt sich der simple Spruch wie bei unserem Sprichwort heraus: »Wer eine Grube gräbt, fällt hinein, wer einen Stein wälzt, auf den fällt er zurück« (Spr 26,27). »Rühme dich nicht des morgigen Tages, denn du weißt nicht, was ein Tag bringt« (Spr 27,1).

Weitaus häufiger ist der im ›antithetischen parallelismus membrorum‹ (s. S. 99) gehaltene Spruch: »Der Herr läßt den Hunger des Frommen nicht ungestillt, die Gier des Gottlosen aber stößt er zurück.« – »Lässige Hand bringt Armut, fleißige Hand schafft Reichtum.« – »Wer im Sommer einsammelt, handelt klug, wer aber schläft in der Ernte, handelt schädlich« (Spr 10,3-5).

Eine weitere Form ist die des drastischen Vergleichs: »Wie ein goldener Ring am Rüssel des Schweins, so ein schönes Weib ohne Sitte« (Spr 11,22). »Der Faule wendet sich im Bett wie die Tür in der Angel« (Spr 26,14). »Wie ein Dornzweig in der Hand eines Trunkenen, so ist ein weiser Spruch im Mund des Toren« (Spr 26,9). »Beständiges Tropfen am Regentag und ein zänkisches Weib sind einander gleich« (Spr 27,15).

Beliebt sind auch die komparativischen Sprüche: »Lieber einer Bärin begegnen, der man die Jungen geraubt, als einem Toren in seinem Unverstand« (Spr 17,12), »Beim Verständigen wirkt der Tadel tiefer als hundert Stockschläge beim Toren« (Spr 17,10).

Eine Besonderheit, die wohl wie alle diese Formen der besseren Lernbarkeit gilt, ist der Zahlenspruch: »Drei Dinge sind es, die nicht satt werden, ja viere, die nie sprechen: Genug! Die Unterwelt und die Unfruchtbare, die Erde, die des Wassers nicht satt wird, und das Feuer, das nie spricht: Genug!« (Spr 30,15b f.) »Dreie sind es, die stattlich schreiten, ja viere, die stattlich einhergehen: der Löwe, das mächtigste unter den Tieren, der Hahn, der hochgemut unter den Hennen schreitet, der Bock, der vor seiner Herde einhergeht, und der König, der vor dem Volk auftritt« (Spr 30,29-31).

Wie vor allem die zahllosen Warnungen der Männer vor Ehebruch und die Ermahnungen zur ehelichen Treue zeigen, ist dem patriarchalischen System zufolge an männliche Adressaten als Zöglinge der Weisheitslehre gedacht. Den Schluß aber bietet ein kunstvolles Lied auf das »wackere Weib«, ein weiblicher Tugendspiegel, dessen zweiundzwanzig Zeilenanfänge wie Jeremias Klagen und manche Psalmen dem hebräischen Alphabet folgen, um so der Vollkommenheit zu huldigen (Spr 31,10-31).

Vergleiche können zu kleinen Lehrerzählungen werden: »Gehe hin zur Ameise, du Fauler, betrachte ihre Weise, daß du klug werdest. Sie hat keinen Fürsten, keinen Vogt und keinen Gebieter, und doch rüstet sie ihre Speise im Sommer und trägt in der Ernte ihre Nahrung zusammen. Wie lange, du Fauler, willst du noch liegen? Wann willst du aufstehen von deinem Schlafe? ›Noch ein bißchen schlafen, ein bißchen schlummern, ein bißchen die Hände ineinander legen im Bett‹ – da kommt über dich wie ein Räuber die Armut, der Mangel wie ein gewappneter Mann.« (Spr 6,6-11)

Weisheitssprüche sind aufgrund ihrer Eigenart kaum zu datieren. In Ägypten z.B. sind sie von hohem Alter, in Israel mögen sie bis in die frühe Königszeit zurückgehen. Als sozialer Ort wird meist die Beamtenerziehung in Dynastien gesehen, bei der der Vater den Sohn auf seine Brauchbarkeit in Ämtern erzieht.

Die »Sprüche« haben die Merkmale der älteren Weisheit, da sie von einem ungebrochenen Zusammenhang zwischen Gesinnung und Handeln auf der einen und Erfolg und Ergebnis auf der anderen Seite ausgehen: Der Fleißige wird wohlhabend, der Faule arm, der gute Ehemann wird glücklich, der Ehebrecher kommt in den Netzen der Geliebten um.

Den Spruch 30,7-9 möchte ich in die Spätzeit der Sammlung, den Hellenismus datieren. Als Gebet an Gott fällt er aus der übrigen Sammlung formal einigermaßen heraus: »Zweierlei erbitte ich mir von dir – versage mir's nicht, bevor ich sterbe –: Falschheit und Lüge halte fern von mir! Gib mir weder Armut noch Reichtum; lass mir die Speise werden, die mir beschieden ist! Ich könnte sonst in Sattheit dich verleugnen und sprechen: Wer ist der Herr? Oder ich könnte aus Armut stehlen und mich an dem Namen meines Gottes vergreifen.« Inhaltlich weist er damit in das Denken der stoischen Philosophenschule, der in ihrer Verbreitung nicht zu überschätzenden Popularphilosophie des Hellenismus, die unter ähnlichen sozialen Bedingungen praktiziert wurde wie die ältere Weisheit. So war Seneca Neros Erzieher und Kanzler und Petronius ein hoher Mitarbeiter, bis beide ihre Tätigkeit nicht mehr mit dem persönlichen Ethos in Übereinstimmung bringen konnten und den Freitod wählten. Im wachsenden Chaos der Diadochenstaaten und des römischen Kaiserreiches will der einzelne seine persönliche Integrität bewahren und weiß zugleich, daß Reichtum wie Armut die Seele gleichermaßen vom Wesentlichen – hier israelitisch traditionell: Gott – abziehen können, weshalb der Stoiker um das ›goldene Mittelmaß‹ bittet, die ›aurea mediocritas‹ des Horaz. Auch die in Sprüche 1,2f. genannten Tugenden phronesis (= Besonnenheit), paideia (=›Selbst-Zucht) und dikaiosyne (= Gerechtigkeit) begegnen als stoische Tugenden.

Prediger Salomo

Das ebenfalls an Salomo und seine Weisheit angelehnte Buch ist – wie auch Hiob – ein Vertreter der späten Weisheit. Ihr ist der ›Tun-Ergehens-Zusammenhang‹ – Weisheit, Gerechtigkeit, Gottesfurcht führen zum Leben, Torheit, Ungerechtigkeit und Gottlosigkeit zum Tode – nicht nur fraglich geworden, er wird direkt negiert. Der Text weist auch Merkmale der bewußten Anlehnung an einen falschen Autor auf, wie sie in den späten Schichten des Alten und des Neuen Testaments populär sind, insofern der Verfasser sich als König situiert (Pred 1,12) und sich in wahrhaft königlichem Maßstab jeden Wunsch erfüllt, inklusive der vom wirklichen Salomo bezeugten »Frauen in Menge, was die Wonne der Menschensöhne ist« (Pred 2,3-10). Doch auch wer materiell bis an die Grenzen des Möglichen vorstößt, macht die Erfahrung, welche die Lieder, aus denen der Text meist besteht, wie ein Refrain abschließen: »Alles ist Nichtigkeit und Haschen nach Wind.« (Pred 2,11; so auch 1,14 u. 17; 2,17; 4,5; 4,18; 6,9 usw.) »Was gewesen ist, wird wieder sein, und was geschehen ist, wieder geschehen: Es gibt nichts Neues unter der Sonne« (Pred 1,9), könnte über einem Stück von Samuel Beckett stehen.

Die Gesamtüberschrift lautet entsprechend: »Nichtigkeit der Nichtigkeiten, Nichtigkeit der Nichtigkeiten, das alles ist Nichtigkeit« (Pred 1,2). Diese Übersetzung wurde hier gewählt, weil das übliche ›Eitelkeit‹ mißverständlich ist; gemeint ist die ältere Bedeutung ›leer, nichtig‹; im folgenden wird wieder das traditionelle ›eitel‹ gebraucht.

Der Name der Liedersammlung kommt vom hebr. ›Qohelet‹, was man als ›Sprecher, Redner‹ in einer Versammlung deutet; Luther übersetzt es als Prediger, international ist die gr./lat. Bezeichnung ›Ekklesiastes‹ üblich.

In 5,11; 7,27; 10,5-11,10 finden sich konventionelle Weisheitssprüche, während ansonsten eine Auseinandersetzung mit der alten Weisheit begegnet, so in 1,12-18, wo diese selbst als eitel bezeichnet wird. Grundsätzlich trifft Weise wie Toren, Gerechte wie Ungerechte dasselbe Geschick, nämlich Unglück und letztlich der Tod.

Daneben findet sich aber auch immer wieder die Mahnung zur Weisheit; denn etwas anderes hat der Mensch nicht: »Schutz gewährt die Weisheit so gut wie das Geld, doch die Weisheit gibt ihrem Besitzer Leben.« (Pred 7,13)

Im weiteren Verlauf wird die Königsrolle aufgegeben, und der Beamte am Hof wird erkennbar, dem eine ganze Reihe von Sprüchen zu gelten scheint: »Dem Befehle des Königs gehorche, doch wo es einen Eidschwur bei Gott gibt, übereile dich nicht!« (Pred

Der Hymnus des Predigers über die Zeit (Pred 3,1-8) ist einer der populärsten Texte der ganzen Bibel

Ein jegliches unter dem Himmel
hat seine Zeit und seine Stunde.
Geboren werden hat seine Zeit,
und Sterben hat seine Zeit.
Töten hat seine Zeit,
und Heilen hat seine Zeit,
Einreißen hat seine Zeit,
und Bauen hat seine Zeit.
Weinen hat seine Zeit,
und Lachen hat seine Zeit.
Klagen hat seine Zeit,
und Tanzen hat seine Zeit.
Steine wegwerfen hat seine Zeit,
und Steine sammeln hat seine Zeit.
Umarmen hat seine Zeit,
und Sichmeiden hat seine Zeit.
Suchen hat seine Zeit,
und Verlieren hat seine Zeit.
Behalten hat seine Zeit,
und Wegwerfen hat seine Zeit.
Zerreißen hat seine Zeit,
und Nähen hat seine Zeit.
Schweigen hat seine Zeit,
und Reden hat seine Zeit,
Lieben hat seine Zeit,
und Hassen hat seine Zeit.
Der Krieg hat seine Zeit,
und der Friede hat seine Zeit.

8,2 ff.) Das ist der klassische Konflikt des Stoikers, der beim wirklichen Dilemma zwischen Macht und Ethik zum Freitod führt: »Qui potest mori, non potest cogi – wer zu sterben weiß, kann zu nichts gezwungen werden« (Seneca, s. S. 23), solche Konflikte gilt es zu vermeiden. Typische Beamtensprüche sind überdies: »Wenn der Unmut des Herrschers sich gegen dich erhebt, so verlaß deinen Posten nicht; denn Gelassenheit macht große Verfehlungen wett.« (Pred 10,4) »Erpressung macht den Weisen zum Toren, und Bestechung verdirbt das Herz.« (Pred 6,8) »Besser ein ausdauernder als ein hochfahrender Sinn« – heute würde man sagen ›nachhaltiger‹ (Pred 7,9b). »Besser ein guter Ruf als Wohlgeruch« (Pred 7,2). »Die Weisheit gibt dem Weisen mehr Stärke als zehn Gewalthaber, die in der Stadt sind« (Pred 7,20). »Weisheit ist besser als Stärke« (Pred 9,16). »Weisheit ist besser als Kriegswaffen« (Pred 9,18). Zu allergrößter Diskretion wird geraten, als gäbe es schon Abhörmöglichkeiten: »Auch auf deinem Lager fluche nicht dem König, auch in deiner Schlafkammer fluche nicht dem Reichen! Denn die Vögel des Himmels könnten den Laut forttragen, und was Flügel hat, könnte die Rede verraten« (Pred 10,20).

Selbst bei Frömmigkeit und Gottlosigkeit gilt der ›goldene Mittelweg‹ des Stoikers (Pred 7,16-19).

Neben dem Rat, trotz aller Skepsis letztlich an Gott und Gottesfurcht festzuhalten (Pred 7,19), der »die Menschen recht geschaffen hat«, auch wenn diese »viele Künste suchen« (Pred 7,30), durchzieht ein zweiter Refrain die Lieder, der ebenfalls zur allgemein angenommenen Entstehungszeit im dritten Jahrhundert vor Christus paßt: »Es gibt nichts Besseres für den Menschen, als daß er esse und trinke und sich gütlich tue bei seiner Mühsal. Doch auch das, sah ich, kommt aus der Hand Gottes.« (Pred 2,24; 3,12; 3,22; 5,17,8,15; 9,7; 9,9) Selbst der Reichtum, vor dem sonst gewarnt wird (Pred 6,2), ist eine »Gabe Gottes«, wenn man ihn genießen und sich daran freuen kann (Pred 5,18). Dieser die Lieder des Predigers durchziehende Refrain wird zum Schlußhymnus (Pred 10,9-12,8), in dem die Jugend gemahnt wird, guter Dinge zu sein und zu genießen (Vers 9b ist ein sauertöpfischer späterer Einschub), ehe die Jahre kommen, von denen du sagen wirst: ›Sie gefallen mir nicht‹, ehe das grimmig ausgemalte Alter kommt und das »umsonst«, mit dem das ursprüngliche Buch schließt.

Ein gemäßigter Epikureismus ist mit dem Stoizismus durchaus kompatibel, so lange man dem Genuß über frei bleibt – ›haben, als habe man nicht‹, wird der Apostel Paulus das später nennen; denn nicht nur über die Weisheitsliteratur, sondern auch über die Ethik des Apostels Paulus hat die Stoa des Hellenismus Eingang in die Bibel gefunden. Reichtum, Macht, Fürstengunst, Ruhm, ehrenvolles Andenken – alles ist eitel, der Weise hat davon unabhängig zu bleiben; als Stoiker agiert er dabei vor einem leeren Himmel, einem gleichgültigen Nichts, während sich der gottesfürchtige Weise,

Das sage ich aber, liebe Brüder, die Zeit ist zusammengedrängt. Fortan sollen auch die, die Frauen haben, sein, als hätten sie keine; und die weinen, als weinten sie nicht; und die sich freuen, als freuten sie sich nicht; und die kaufen, als behielten sie es nicht; und die diese Welt gebrauchen, als brauchten sie sie nicht. Denn das Wesen dieser Welt vergeht. (1 Kor 7,29-31)

Andreas Gryphius: Vanitas, Vanitatum, et omnia vanitas.
(Zu Pred 1,2)

Es ist alles gantz eytel (1637)
Ich seh' wohin ich seh / nur Eitelkeit auff Erden /
Was dieser heute bawt / reist jener morgen ein /
wo jtzt die Städte stehn / so herrlich / hoch und fein /
Da wird in kurtzem gehn ein Hirt mit seinen Herden:
Was jtzt so prächtig blüht / wird bald zutretten werden:
Der jtzt so pocht und trotzt / läst übrig Asch und Bein /
Nichts ist / daß auff der Welt könt unvergänglich seyn /
Itzt scheint des Glückes Sonn / bald donnerts mit beschwerden.
Der Thaten Herrligkeit muß wie ein Traum vergehn:
Solt denn die Wasserblaß / der leichte Mensch bestehn
Ach! Was ist alles diß / was wir vor köstlich achten!
Alß schlechte Nichtigkeit? Als hew / staub / asch unnd wind?
Als eine Wiesenblum / die man nicht widerfind.
Noch wil / was ewig ist / kein einig Mensch betrachten!

auch der Prediger, letztlich von Gott gehalten weiß, ohne dies immer erfahren zu können.

Der »Prediger Salomo« ist von allergrößter Wichtigkeit für die protestantische Geistesgeschichte des 17. Jahrhunderts. Die sogenannte deutsche Barockdichtung bei Opitz, Fleming, Dach, Gryphius, Hofmannswaldau und vielen anderen, ja das Leben der meisten protestantischen Intellektuellen wäre als oft hochgestellte Beamte in dieser Zeit der Religionswirren nicht denkbar gewesen ohne die Synthese aus christlicher ›Gottesfurcht‹ und dem in den Niederlanden aufkommenden Neostoizismus, für die Ecclesiastes die immer wieder zitierte entscheidende Instanz war.

Hiob

Als Kern des über mehrere Schichten wohl zwischen 500 und 300 entstandenen Buches Hiob nimmt man eine Beispielsgeschichte an, die in etwa dem heutigen Prosarahmen entspricht: Bei einer Versammlung der Gottessöhne vor dem Herrn kommt die Rede auf den besonders frommen und gottesfürchtigen Hiob. Satan, hier keine widergöttliche Macht, sondern so etwas wie ein himmlischer Staatsanwalt, wie man ihn genannt hat, verdächtigt Hiobs Frömmigkeit als reinen Opportunimus aufgrund seiner bisherigen Förderung durch Gott. Der gibt Hiob um der Menschenwürde willen in Satans Hand, nur nicht sein Leben. Hiob verliert seinen gesamten Besitz und seine Kinder – die Nachrichten davon sind die berühmten ›Hiobsposten‹ oder ›Hiobsbotschaften‹ –, aber Hiob besteht die Probe, er ist auch bereit, das Leid von Gott anzunehmen wie zuvor das Gute.

Bei der nächsten Himmelsversammlung kommt erneut die Rede auf Hiob. Satan hat Gott »gereizt, ihn ohne Ursache zu verderben«, aber Satan meint, eine Strafe an seinem Körper würde Hiob nicht hinnehmen. Um des Menschen Würde willen gibt Gott Hiob erneut in Satans Hand, nur am Leben muß er ihn lassen. Jetzt sitzt Hiob voll juckender Geschwüre am ganzen Körper in der Asche – man denkt unwillkürlich: seines früheren Besitzes – und hat noch eine Scherbe, um sich damit zu kratzen. Die Frau fordert ihn auf, mit einem Fluch auf den Lippen zu sterben, er aber ist weiterhin bereit, wie einst das Gute jetzt auch das Leid von Gott anzunehmen. An Hiob 2,10 kann sich dann Hiob 42,10-17 angeschlossen haben: »Und der Herr wandte das Gefängnis Hiobs ... und der Herr gab Hiob zweimal so viel, als er gehabt hatte ...« (Daß sieben neue Söhne und drei neue Töchter kein Ersatz für ebenso viele grausam umgekommene Individuen sind, ist modernes Denken und solchen Geschichten unangemessen.)

Albrecht Dürers Gemälde zeigt den frommen Hiob, den Gott mit Schicksalsschlägen und Krankheiten prüft, wie ihn sein Weib mit Wasser übergießt.

In diese Erzählung sind nun nach und nach die Reden der Freunde und Hiobs Widerreden eingelegt worden, zuletzt noch die eines vierten Freundes, der gar nicht vorgesehen war (Hiob 32-37). Drei Freunde besuchen ihn, solidarisieren sich in sehr orientalischer Weise mit seiner Trauer, indem sie ihre Kleider zerreißen und sich mit Erde bestreuen – und schweigen sieben Tage und sieben Nächte mit ihm; »denn sie sahen, daß der Schmerz sehr groß war« – etwas sehr Nachahmenswertes; bisweilen ist einfach jeder Trost billig.

Hiob beginnt die Reden mit der Verfluchung des Tages seiner Geburt und der Nacht seiner Zeugung, weil ihm »Gott jeden Ausweg sperrt« (Hiob 3,23). Die Reden der Freunde folgen allen Mustern weisheitlicher Argumentation, weshalb das Buch zu Recht zur Weisheitsliteratur zählt. Vor Gott ist niemand gerecht, auf lange Sicht findet der Schuldige seine Strafe und der Unschuldige seinen Lohn, er soll seine Sache Gott anheimstellen und seinen wunderbaren Wegen nachsinnen; es ist nicht am Menschen, von Gott Rechenschaft zu fordern. Hiob solle lieber in sich gehen und sich prüfen, ob er nicht doch Unrecht getan habe, und Gott könne außerdem Leid als Prüfung schicken.

Das alles tröstet Hiob in der Radikalität seiner Anklage nicht, »sie übertünchen« die Abgründe »mit Lügen, und Pfuschärzte seid ihr alle. O daß ihr doch nur stille schwieget« (Hiob 13,4 f.).

Addiert man die Anklagen Hiobs, so ist es in der Tat unmöglich, darauf etwas zu erwidern: »Schuldlose wie Schuldige vernichtet er! Wenn seine Geißel plötzlich tötet, so lacht er der Verzweiflung der Unschuldigen. Ist ein Land gegeben in Frevlershand, so verhüllt er das Angesicht seiner Gebieter – wenn nicht Er, wer tut es denn?« (Hiob 9,22-24) »Warum bleiben die Gottlosen leben, werden alt, ja nehmen zu an Kraft?« (Hiob 21,7) »Der eine stirbt inmitten seiner Kraft, in tiefer Ruhe und in Frieden ... Der andre stirbt betrübten Herzens und hat nie das Glück gekostet« (21,23 u. 25). »Siehe ich gehe nach Osten – da ist er nicht, nach Westen – ich gewahre ihn nicht; im Norden suche ich ihn – ich schaue ihn nicht, biege um nach Süden – ich sehe ihn nicht« (Hiob 23,8 f.). Hiob verkündet den verborgenen, den abwesenden Gott: »Er ... hängt die Erde über das Nichts ... Er verschließt den Anblick seines Thrones und breitet darüber sein Gewölk« (Hiob 26,7b u. 9).

Luther beendet seine Vorrede auf Hiob von 1545 mit den Worten: »Dis ist das höhest stück in diesem Buch/Das verstehen alleine die/so auch erfaren und fülen was es sey/Gottes zorn und urteil leiden/und seine Gnade verborgen sein.«

Letztlich bleiben Hiob zwei Dinge: Er appelliert an Gott gegen Gott (Hiob 16,20f.; 19,26-27) und bekräftigt mit einem ausführlichen Reinigungseid seine Schuldlosigkeit (31).

Gott antwortet in einem Gewitter, einer Theophanie (Hiob 38,1; 40,1), und belehrt den ›Haderer‹ und Tadler (Hiob 33,13) über die kosmischen wie mikrologischen Dimensionen seiner Schöpfung, vom Orion und den Plejaden bis zum Tautropfen, einschließlich der Monstren Behemoth (wohl das Nilpferd) und Leviathan (das Krokodil). Hiobs erste Antwort ist die Ankündigung seines Verstummens (Hiob 39,34 f.), die zweite und letzte gipfelt schließlich in dem entscheidenden Bekenntnis: »Vom Hörensagen hatte ich von dir gehört; nun aber hat dich mein Auge gesehen. Darum widerrufe ich und bereue in Staub und Asche« (Hiob 42,5 f.).

In seiner Ausgangssituation von 2,8, »mitten in der Asche«, gibt er sich also damit zufrieden, Gott geschaut zu haben. Aber da läßt Gott ihn nicht, sondern gibt ihm mehr als zuvor. Daß Gott die Freunde Hiobs abkanzelt, weil sie ihm Unrecht getan hätten, ist wohl auch eine späte Ergänzung, um alles Licht auf Hiob fallen zu lassen. Jedenfalls ist die Geschichte multiperspektivisch zu lesen: Wie der Liebe in Platons etwa gleichzeitigem »Symposion« nähert sich die Erzählung dem Leid aus den verschiedensten weisheitlichen und gläubigen Perspektiven, um es letztlich in der »Schau« eines unendlichen Gottes zu versenken.

So wenig wie die Hebräische Bibel an einen ernstzunehmenden Widersacher Gottes glauben wollte, so wenig mochte Luther Unglauben und Verstockung auf den Menschen zurückführen, sondern lieber auf den »verborgenen Gott«. Auch Goethe duldete keinen Widersacher in Gottes Reich und schuf so wohl selber den Spruch, für den man nie eine Quelle gefunden hat: »Nemo contra deum nisi deus ipse« – »niemand vermag Gott entgegenzutreten außer Gott selbst«. So treffen sich dann Hiob, Luther und Goethe im Propheten Jesaja (45,7): »Ich bin der Herr und keiner mehr! Der ich das Licht mache und schaffe die Finsternis, der ich Frieden gebe und schaffe das Übel. Ich bin der Herr, der solches alles tut.«

Das Buch Hiob ist mit seinen bohrenden, insistierenden Fragen nach Leid, Schuld und Gottes Gerechtigkeit bis heute eines der berühmtesten Werke der Weltliteratur. Goethe gestaltete nach ihm den »Prolog im Himmel« im »Faust« und entlieh seinen Satan weitestgehend dem Hiobbuch; Joseph Roth erzählte die Geschichte vom leidenden Frommen 1930 neu für unsere Tage in seinem Roman »Hiob«.

Siehe, meine Freundin, du bist schön! siehe, schön bist du! Deine Augen sind wie Taubenaugen zwischen deinen Zöpfen. Dein Haar ist wie eine Herde Ziegen, die gelagert sind am Berge Gilead herab. Deine Zähne sind wie eine Herde Schafe mit beschnittener Wolle, die aus der Schwemme kommen, die allzumal Zwillinge haben, und es fehlt keiner unter ihnen. Deine Lippen sind wie eine scharlachfarbene Schnur und deine Rede lieblich. Deine Wangen sind wie der Ritz am Granatapfel zwischen deinen Zöpfen. Dein Hals ist wie der Turm Davids, mit Brustwehr gebaut, daran tausend Schilde hangen und allerlei Waffen der Starken. Deine zwei Brüste sind wie zwei junge Rehzwillinge, die unter den Rosen weiden. (Hld 4,1-5)

Das Hohelied Salomos

Der Titel ›Hohes Lied‹ ist, wie bei Dantes ›Göttlicher‹ Komödie oder dem ›Goldenen‹ Esel des Apuleius, preisend gemeint, lateinisch heißt es entsprechend das ›Lied der Lieder‹. Die Anlehnung an Salomo und die Mitteilung im 1. Buch der Könige (1 Kön 4,12), er habe 1005 Lieder gedichtet, und die Überschrift, dieses sei sein schönstes, haben es letztlich kanonisch werden lassen – innere Gründe hierfür gibt es nicht. Es handelt sich um eine ungeordnete Sammlung hebräischer Liebeslieder, in denen teils ein Mann, teils eine Frau spricht. So sind wir durch Zufall an eine Reihe wunderschöner Texte gekommen, die schlicht Freude machen, ohne weiter der Erläuterung zu bedürfen.

Völlig unabsehbar sind die Folgen dieser zufälligen Kanonisierung. Da sie nun einmal in der Bibel standen, mußten diese Lieder heilige Werke sein und wurden schon in der jüdischen Auslegung allegorisch verstanden und auf die Geschichte Gottes mit Israel und auf das Verhältnis des einzelnen Frommen zu Gott

Mittelalterliche Darstellung der Mystikerin Hildegard von Bingen als von Gott inspirierte Schreiberin.

Die Lehre vom mehrfachen Schriftsinn
Bereits im Hellenismus kam die Lehre von der allegorischen Lesart älterer Texte auf, etwa gegenüber den griechischen Göttersagen. Der jüdische Denker Philo von Alexandria (geb. um 20 v. Chr., gest. nach 40 n. Chr.) wandte sie auf die Hebräische Bibel an, bei der er zwischen dem wörtlichen Sinn als dem ›Leib‹ und einem geistigen Sinn als der ›Seele‹ des Textes unterschied. Paulus deutet ebenfalls alttestamentliche Erzählungen und Gebote allegorisch, etwa die Decke auf dem Gesicht des Mose (2 Mose 34,33) im 2. Korintherbrief (2 Kor 3,13), oder wenn er die Tierschutzregel »Du sollst dem Ochsen, der da drischet, nicht das Maul verbinden« (5 Mose 25,4) auf eine angemessene Versorgung der Prediger des Evangeliums durch die Gemeinde hin deutet (1 Kor 9,9f.). Der Kirchenvater Origenes (185–254) unterscheidet bereits einen dreifachen Schriftsinn; für ihn hat der Text außer einem ›Leib‹ und einer ›Seele‹ noch einen ›Geist‹, zum wörtlichen und zum übertragenen Sinn tritt der sensus anagogicus, der uns über die Metaphysik und die letzten Dinge belehrt. Im Mittelalter etabliert sich fest die Lehre vom vierfachen Schriftsinn, die in einem Merkvers in Hexametern zusammengefaßt wird: »Littera gesta docet, quid credas allegoria/moralis quid agas, quo tendas anagogia.« Der wörtliche Sinn belehrt uns über das Faktische, der allegorische über den Glauben und die Kirchenlehre, der moralische Sinn lehrt den Einzelnen, das Rechte zu tun, und der anagogische belehrt uns über Metaphysik und Eschatologie. So bedeutet etwa ›Jerusalem‹ auf der ersten Ebene die konkrete Stadt, auf der zweiten die Kirche, auf der dritten die menschliche Seele und deren Hoffnung, in den Himmel zu kommen, und auf der vierten das am Ende der Tage aus dem Himmel herabfahrende »neue Jerusalem« (Offb 21,2).
Der Humanismus ließ nur noch den wörtlichen Sinn gelten; Luther formulierte entsprechend als hermeneutische (= das Textverständnis leitende) Regel, die Heilige Schrift sei aus sich selbst heraus auszulegen (»sacra scriptura suae ipsius interpres«)

hin ausgelegt. Im Christentum galt dasselbe für das Verhältnis Christi zur Gemeinde und die Beziehung des einzelnen zu Christus. Daraus entwickelte sich im Grunde die gesamte so überreiche und für die Spiritualisierung des Glaubens überaus wichtige Braut- und Christusmystik, vor allem bei den zahlreichen Mystikerinnen; aber auch die Mariologie und die Ausmalung der Fleischwerdung Christi empfingen hier wesentliche Impulse. Mißverständnisse und Irrtümer sind in der Kulturgeschichte meist wichtiger und folgenreicher als banale ›Richtigkeiten‹.

Apokalypsen bilden einen weit verbreiteten Schrifttyp aus dem zweiten vorchristlichen bis ins zweite nachchristliche Jahrhundert. Der Name rührt daher, daß in diesen Texten eine Decke (kalymma) weg-(apo)gezogen wird, die über dem zukünftigen Geschichtsverlauf liegt; inhaltlich sind sie daher ›eschatologisch‹ und beziehen sich auf das ›eschaton‹, das Ende der Welt. In diesen etwa einhundertfünfzig Jahren vor und nach der ›Zeitenwende‹ (!) findet sich in den unterschiedlichsten Kreisen die Vorstellung, die jetzige Welt, der jetzige Welt-Äon gehe zuende und ein radikal neuer breche an, völlig außerhalb der biblischen Welt etwa in der Vierten Ekloge des römischen Dichters Vergil (um 70 v. Chr.–18 v. Chr.).

In der ziemlich genau umrissenen jüdisch-christlichen Gattung der Apokalypse enthüllt Gott einem Auserwählten seinen für diese Äonen-Crash-Zeit festgelegten Plan, den er selbst nicht mehr ändern kann. Empfänger dieser Enthüllungen ist meist eine der großen Gestalten der Vorzeit, z. B. Abraham oder Mose; für sie lupft Gott die Decke von den ›letzten Dingen‹.

In den Kanon der Hebräischen Bibel und den des

Ekloge IV, 4-7 von Publius Vergilius Maro

Ultima Cumaei venit iam carminis aetas.
Magnus ab integro saeclorum nascitur ordo.
Iam redit et virgo redeunt Saturnia regna,
Iam nova progenies caelo demittitur alto.

Schon kam das Ziel der Zeit, von dem die Sibylle einst raunte.
Wiedergeboren beginnt ein neuer Kreis der Äone.
Schon kehrt die Jungfrau zurück, Saturns Regierung kehrt wieder.
Schon wird ein neuer Sproß entsandt aus himmlischen Höhen.
(Übersetzung: Harry C. Schnur)

Wegen der Verkündigung einer Jungfrau und eines vom Himmel kommenden Kindes wurde diese Stelle im Mittelalter als ›heidnisches‹ Zeugnis der Sibylle von Cumae auf Maria und Jesus gedeutet. Wie mit Jesus das Paradies wieder geöffnet wird (Lk 23,43), kehrt mit dem hier verheißenen Kind das mit Saturn verbundene Goldene Zeitalter wieder. Das Augusteische Zeitalter ist von vielfältigen Erwartungen eines ›Soter‹, eines Weltenheilands, gekennzeichnet.

Neuen Testamentes haben es nur zwei apokalyptische Bücher und zwei apokalyptische Kapitel geschafft, das Buch Daniel und die Offenbarung des Johannes sowie die Endzeitreden Jesu in Matthäus 24 f. und das eschatologische Kapitel am Ende des 1. Korintherbriefes in Kapitel 15. Der Inhalt bedingt es wohl, daß Apokalypsen immer am Ende stehen: Im Tanach stand Daniel oft hinter den Chronikbüchern ganz am Ende, in der LXX bildet es deren Schluß; Jesus hält seine Endzeitreden am Ende seines Wirkens, unmittelbar vor der Passionsgeschichte, 1 Kor 15 beschließt den Brief und die Johannes-Apokalypse das Neue Testament und die gesamte christliche Bibel.

Daniel in der Löwengrube. Daniel, Visionär und Traumdeuter, wird von seinen Feinden in eine Löwengrube geworfen. Da ihm die wilden Tiere nichts antun, wird er wieder freigelassen. Die berühmte Geschichte in einer Initiale zum Buch des Propheten Daniel in einer Bibel aus England. Engel bringen Daniel noch Speis und Trank.

Zahllose andere Apokalypsen sind, wenn überhaupt, nur als Apokryphen im Vollsinne überliefert (s. S. 20). Das Buch Daniel hat die Aufnahme in den Kanon durch die Anlehnung des apokalyptischen Teils an eine Gestalt der Vorzeit geschafft, eben Daniel.

In der Anfangszeit des Exils kommt dieser Daniel als eine der Geiseln an den babylonischen Königshof, »junge Leute ..., die ohne jeden Makel und von schöner Gestalt wären, begabt für jegliche Wissenschaft, von gutem Verstand und rascher Auffassung, und somit befähigt, als Pagen im königlichen Palast zu dienen« (Dan 1,4), wo sie auch erzogen und unterrichtet werden.

Zu allen diesen Vorzügen ist Daniel auch noch gottesfürchtig und hält sich im Ausland und am königlichen Hof an die jüdischen Speisegesetze. Daniel ist nichts anderes als ein gesteigerter Joseph (s. S. 39 f.), der nun statt in Ägypten in Babylon im Exil lebt, nur alles etwas prächtiger, großartiger, plötzlicher. Josephs

Das Gemälde von Rembrandt zeigt das Fest des babylonischen Königs Belsatzar, bei dem er die aus dem Tempel von Jerusalem geplünderten Gefäße benutzte.

regelmäßige Erniedrigungen kehren gesteigert wieder im Aufenthalt seiner Kollegen im Feuerofen (Dan 3) und in seiner eigenen Verbringung – bereits als hoher Minister – in die Löwengrube (Dan 6). Entsprechend vollzieht sich sein Aufstieg über Traumdeutung: Mit Gottes Hilfe kann er die Träume des Königs Nebukadnezar deuten, schließlich war es ja Gott, der dem Herrscher die Träume geschickt hat. Diese Träume sind dunkler und umfassender, als es die beiden sehr schlichten Träume des Pharao waren. Der erste ist der berühmte von der Statue mit den sprichwörtlich gewordenen tönernen Füßen. Daniel deutet ihn auf die Abfolge von vier Weltreichen, denen ein fünftes, ewiges folgt.

Der babylonische König Nebukadnezar, im Alter von Wahnsinn gezeichnet, bildete sich ein, er sei ein Tier. Er hatte Jerusalem erobert und den Tempel zerstört, fromme Juden sahen in seinem Leiden eine Strafe Gottes. Gemälde von William Blake.

Hinsichtlich der Zukunft fällt dabei immer wieder die apokalyptische Grundformulierung schlechthin: ›ha dei genesthai‹ = ›das, was geschehen muß‹, allein in Daniel 2,28 f. dreimal, davon zweimal mit dem präzisierenden Zusatz ›ep' eschaton ton hemeron‹ = ›auf das Ende der Tage‹. Und das Tun Gottes wird dabei ›anakalyptein‹ (›aufdecken‹) genannt. Die Apokalypse des Johannes nennt diesen danielischen Fachterminus in ihrer Überschrift als ihren Inhalt: Offenbarung dessen ›ha dei genesthai en tachei‹ = in Bälde.

Den nächsten Traum deutet Daniel dann auf das baldige Ende des Königs im Wahnsinn; dessen Nachfolger Belsatzar vermag er das berühmte »Menetekel«, die ›Flammenschrift an der Wand‹ zu deuten; sie lautet: »Gewogen und zu leicht befunden« – man sieht, wie populär apokalyptische Phänomene bis heute sind.

Die apokalyptischen Merkmale der von Daniel gedeuteten Träume haben dazu geführt, daß diesem legendären gottgefälligen Jüngling eigene Visionen zugeschrieben wurden, welche die an die Legenden angehängten Bücher 7-12 bilden, die ihn zum letzten der ›großen‹ Propheten aus dem babylonischen Exil machten.

Grundsätzlich lieben die Apokalypsen – und das gilt auch schon für die des Daniel – das Dunkel, in dem sich bekanntlich gut munkeln läßt. Vieldeutige und dunkle Bilder sollen zu Identifikationen einladen – »das Gesicht von den vier Tieren und dem Menschensohn« (Dan 7), »das Gesicht vom Widder und vom Ziegenbock und dessen Hörnern« (Dan 8). Ähnlich phantastische Tiere begegnen uns auch in der Johannes-Apokalypse, z. B. in Offenbarung 12; 13; 17. Deutungen können sich zum Teil schon auf die jüngste Vergangenheit beziehen, schließlich werden ja Texte um mehrere hundert Jahre zurückdatiert, um dann immer weiter fortgeschrieben zu werden. Exakte, aber unergiebige Zahlen werden genannt – »1290 Tage – wohl dem, der ausharrt und 1335 Tage erreicht!« (Dan 12,12; vgl. auch das »Tausendjährige Reich« in Offb 20)

›Apokalypse‹, ›apokalyptisch‹ werden meist doppelt falsch gebraucht: Zum einen bezeichnet man damit etwa in »Apocalypse Now« das ›Weltende‹ selbst, während Apokalypse eigentlich die Schrift darüber meint, zum anderen verkürzt man dieses ›eschaton‹ unzulässig, weil mit dem Ende des alten Äons ausnahmslos immer der Anbruch einer neuen, einer besseren Zeit mitgemeint ist.

Heinrich Heine: Belsatzar (nach Daniel 5)

Die Mitternacht zog näher schon;
in stummer Ruh lag Babylon.

Nur oben in des Königs Schloß,
da flackerts, da lärmt des Königs Troß.

Dort oben in dem Königssaal
Belsatzar hielt sein Königsmahl.

Die Knechte saßen in schimmernden Reihn,
Und leerten die Becher mit funkelndem Wein.

Es klirrten die Becher, es jauchzten die Knecht;
So klang es dem störrigen Könige recht.

Des Königs Wangen leuchten Glut;
Im Wein erwuchs ihm kecker Mut.

Und blindlings reißt der Mut ihn fort,
Und er lästert die Gottheit mit sündigem Wort.

Und er brüstet sich frech. Und lästert wild;
Die Knechteschar ihm Beifall brüllt.

Der König rief mit stolzem Blick;
Der Diener eilt und kehrt zurück.

Er trug viel gülden Gerät auf dem Haupt;
Das war aus dem Tempel Jehovahs geraubt.

Von der Zeit gilt in der Apokalyptik grundsätzlich, daß sie als Zeit der alten Welt irgendwann ›voll‹ ist; alle Wortspiele der Bibel mit »Fülle«, »erfüllt« haben eschatologischen Charakter (Dan 8,23; 9,24).

Diese Zeit der ›Erfüllung‹ des einen Äons kann zum Crash mit dem neuen, dem ›kommenden‹ (auch das ein Spezialwort) Äon führen, und in der Knautschzone kann die Zeit sich verändern (Dan 7,25) und stauchen (1 Kor 7,29). Noch nicht bei Daniel, aber in den späteren Apokalypsen ereignen sich beim Zusammenprall sichtbare kosmische Phänomene, »Himmelszeichen« als Veränderung an Sonne, Mond und Sternen (z.B. Lk 21,11 u. 25), aber auch Erdbeben. Diese Knautschzeiten sind zudem die Zeiten besonderer Bedrängnis, Trauer, Verfolgung für die »Heiligen«. Aber sie sollen sich darüber freuen, weil gerade daran erkennbar wird, daß die

Und der König ergriff mit frevler Hand
Einen heiligen Becher, gefüllt bis am Rand.

Und er leert ihn hastig bis auf den Grund,
Und rufet laut mit schäumendem Mund:

Jehovah! Dir künd ich auf ewig Hohn –
Ich bin der König von Babylon!

Doch kaum das grause Wort verklang,
Dem König wards heimlich im Busen bang.

Das gellende Lachen verstummte zumal;
Es wurde leichenstill im Saal.

Und sieh! Und sieh! an weißer Wand
Da kams hervor wie Menschenhand;

Und schrieb, und schrieb an weißer Wand
Buchstaben von Feuer, und schrieb und schwand.

Der König stieren Blicks da saß,
Mit schlotternden Knien und totenblaß.

Die Knechteschar saß kalt durchgraut,
und saß gar still, gab keinen Laut.

Die Magier kamen, doch keiner verstand
Zu deuten die Flammenschrift an der Wand.

Belsatzar aber ward in selbiger Nacht
Von seinen Knechten noch umgebracht.

Feinde mit dem alten Äon untergehen und der ›Heilige Rest‹ für den neuen bewahrt wird.

Die große visionäre Kraft und die Dunkelheit und Offenheit der Bilder haben zum lang anhaltenden Nachwirken der Apokalyptik geführt. Die vier apokalyptischen Reiter (Offb 6,1-8), das »Buch mit sieben Siegeln« (Offb 5), die in Scharlach gekleidete »Hure Babylon« – engl. »the scarlet woman« – sind bis heute im allgemeinen Sprachgebrauch präsent. Visionen des Johannes wurden auf die Türken bezogen, Jesu ›falsche Messiasse‹ und ›falsche Propheten‹ (Mt 24,5 u. 11) auf das Dritte Reich, und die Mahnung: »Bittet aber, daß eure Flucht nicht im Winter geschehe« (Mt 24,20) schien direkt den vor der Roten Armee fliehenden endlosen Flüchtlingstrecks im extrem kalten Winter 1944/45 zu gelten. In den 50er Jahren wurde die Nu-

Das Zeitverständnis der Apokalyptiker
»Das Johanneische ›Brüder, die Stunde ist nahe‹ gilt nicht in der geschichtlichen Zeit, sondern in der Verkündigungszeit. Die prophetischen Raum-Metaphern ›nah‹ und ›fern‹ für ›bald‹ und ›später‹ entsprechen der räumlichen Struktur der Verkündigungszeit, die sich den Maßen der geschichtlichen Zeit entzieht. Vergangenheit, Gegenwart und Zukunft werden in der Verkündigungszeit zusammengezogen. Wer, wie der Christ, in der Verkündigungszeit lebt, nimmt nicht Teil an einer Zeit, die pure Progression ist, fortschreitende Zeit, welche die philosophische Aufklärung für den Fortschritt, für eine zukünftige Glückseligkeit der Menschheit in Anspruch nimmt.«
(Rainer Gruenter)

klearenergie ernsthaft als Einlösung eines großen Teils der Apokalyptik gedeutet (z. B. Bernhard Philbert: »Christliche Prophetie und Nuklearenergie«), und sowohl Blochs »Prinzip Hoffnung« wie die Nazi-Begriffe ›Drittes‹ und ›Tausendjähriges Reich‹ (Offb 20,2-4) greifen eschatologische Spekulationen auf, um nur einige beliebig herausgegriffene Beispiele zu nennen.

Blicken wir zurück auf den Reichtum der Hebräischen Bibel, so will es einem schier den Atem verschlagen. In den Geschichtsbüchern von der Erschaffung der Welt bis zum Untergang des Staates Juda liegt ein gewaltiges Konzept vor uns, ohne das ähnliche Entwürfe bis hin zur marxistischen Geschichtsdeutung nicht denkbar wären. Die Bildkraft der Psalmen und ihre

Einer der apokalyptischen Reiter, »der Tod«, aus der Apokalypse von Cambrai aus dem 13. Jh.

Günter Grass hat in »Die Rättin« (1986) die Form wie die Inhalte der Gattung Apokalypse für die Gestaltung des Endes der menschlichen Welt benutzt. Während der Ich-Erzähler noch aufklärerische Filmskripte über die jüngste Vergangenheit der 50er Jahre, die Utopie des Feminismus oder das Waldsterben entwirft, schickt ihm eine Ratte Visionen vom Äonenumbruch zu: Die Menschheit geht im selbst ausgelösten nuklearen Inferno unter, nur der Erzähler ist entrückt in eine Raumkapsel und sieht auf einem Bildschirm, wie die Ratten einen neuen und besseren Äon beginnen. Nach menschlicher ›Zeit‹ ist es fünf Minuten vor zwölf, nach apokalyptischer bereits fünf Minuten nach zwölf. Was Jesus bei Lukas (17,20f.) vom Reich Gottes sagt, gestaltet Grass für den selbstverschuldeten Untergang der Menschheit: Die Vernichtung kommt nicht so, daß man's beobachten kann ... denn siehe, die Vernichtung ist mitten unter euch.

Günter Grass: »Die Rättin, von der mir träumt«.
Radierung 1985

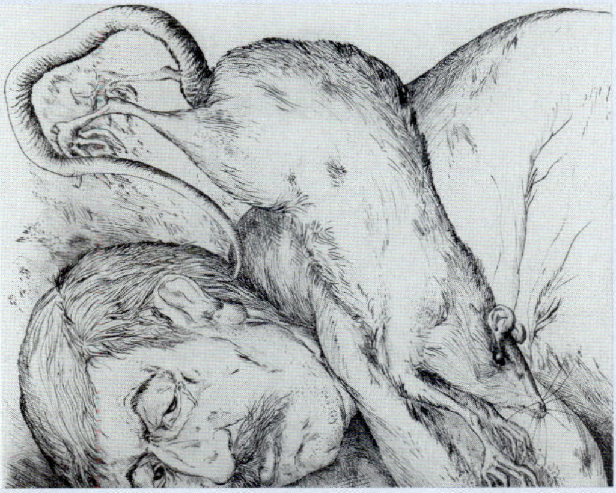

existentielle Tiefe vermögen uns Heutige auch über zweieinhalbtausend Jahre hinweg immer wieder in ihren Bann zu schlagen, ebenso wie die an den späten Benn erinnernde visionäre Müdigkeit des Predigers. Propheten rufen uns in eine Sozialutopie, die in 2600 Jahren noch nicht eingelöst worden ist, und die ebenso starke wie dunkle visionäre Potenz der Apokalyptik begleitet die westliche Welt nun schon seit zweitausend Jahren und hilft immer noch, unsere Zeiten zu deuten.

»Die Heiligen des Höchsten wird er quälen und wird trachten, Zeiten und Gesetz zu verändern; und sie werden in seine Gewalt gegeben sein bis auf eine Zeit und zwei Zeiten und eine halbe Zeit. Dann aber wird das Gericht zusammentreten, und jenem König wird die Macht genommen werden, endgültig zerstört und vernichtet. Und das Reich und die Herrschaft und die Macht über alle Reiche unter dem ganzen Himmel wird dem Volk der Heiligen des Höchsten gegeben. Ihr Reich ist ein ewiges Reich.« (Dan 7,25-27)

Aufnahme des Alten Testaments und »Euangelion«

Den zweiten Teil der christlichen Bibel bilden die Schriften des Neuen Bundes. Ihr Kern ist das ›euangelion Iesou Christou‹, die Frohe Botschaft von Jesus Christus als dem Begründer und dem Inhalt eines neu von Gott gestifteten Bundes (s. S. 11) mit seinem Volk Israel, in dem zugleich das Heil für das Universum begründet ist und den der Prophet Jeremia (31,31-34) verkündet hat. Dieses Selbstverständnis zeigt sich bereits im Wirken Jesu; die feste Zwölferzahl des engeren Jüngerkreises repräsentiert die Stämme des neuen Israel. Sie ist so unabänderlich und so zentral, daß nach der Judas-Katastrophe eine ergänzende Wahl zur Komplettierung der Zwölf nötig wird (Apg 1,15-26). Drei der vier Evangelien schließen mit ihrem Beginn selbstbewußt an den Anfang der Tora an: Die ersten Wörter bei Matthäus lauten »biblos geneseos« (= Buch der Genesis), des Markus' erstes Wort ist ›arche‹, und Johannes spielt geradezu mit den Anfangsworten der Genesis: »en arche = im Anfang«.

Die Illustration aus einer französischen Handschrift des 14. Jh. zeigt Jesus, der einen Toten auferweckt, einen Lahmen gehen und einen Blinden sehen läßt.

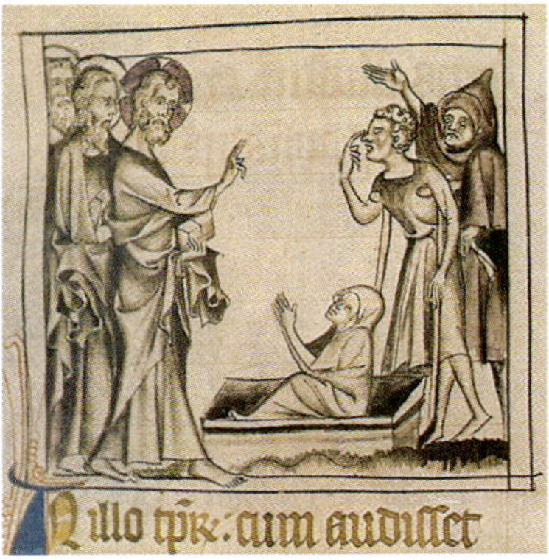

Die Erzählungen von Jesu Wirken und die aus seinem Mund überlieferten Worte sind das ›Evangelium‹, die ›Frohe Botschaft‹ schlechthin, sie sind Gegenstand und Inhalt der frühen christlichen Mission und ihrer (mündlichen) Predigt. Wenn Paulus etwa gegenüber der von ihm gegründeten Gemeinde von Korinth seine einstige mündliche Predigt schriftlich wiederholt, beginnt die Verschriftlichung des Evangeliums. Bei den Kirchenvätern des Zweiten Jahrhunderts kann ›Evangelium‹ deshalb bereits als Gegensatz oder Ergänzung zu den Schriften des Alten Bundes stehen und ›Propheten und Evangelien‹ Altes und Neues Testament bedeuten, d.h. die Jesus als den Christus verkündigenden Briefe des Apostels Paulus sind auch ›Evangelium‹. Später kann dann die Form für den Inhalt eintreten (Metonymie) und ›Evangelium‹ sich zur Spezialbezeichnung für die Samm-

Der Kanon des Neuen Testaments
Die Bibel Jesu und der Urgemeinde war die hebräische Bibel in einer auf Jesus und Christus bezogenen Auslegungsperspektive. Briefsammlungen des Paulus entstanden bereits früh, z. T. schon zu seinen Lebzeiten. Die Entstehung einer eigenen heiligen Schriftensammlung des Neuen Bundes beginnt im zweiten Jahrhundert. Der Ketzer Marcion stellt um 144 einen eigenen Kanon aus einem verkürzten Lukasevangelium und verkürzten Paulusbriefen auf und könnte damit im Gegenzug die Bildung eines kirchlichen Kanons beschleunigt haben. Um diese Zeit bemüht sich Tatian, eine Evangelienharmonie aus den vier heutigen Evangelien zu schaffen, die demnach bekannt und anerkannt waren – das Johannesevangelium war am längsten umstritten. Am Ende des zweiten Jahrhunderts finden wir den ersten förmlichen Kanon, das ›Muratorische Fragment‹, der die vier Evangelien, die Apostelgeschichte, dreizehn Paulusbriefe, zwei Johannesbriefe, den Judasbrief und die Offenbarung kennt und eine Petrusapokalypse als umstritten anführt. Kriterium ist die Herkunft der Schriften von einem Apostel. Der Kirchenvater Origenes (185–254) nennt als umstritten 2. Petrus, 2.3. Johannes, Jakobus und Judas, hat persönliche Bedenken gegen die allgemein anerkannte Offenbarung und bezweifelt die Verfasserschaft des Paulus für den Hebräerbrief. Entschieden wurde schließlich autoritativ: Athanasius, Metropolit von Alexandrien, legt 367 das Neue Testament in seinem heutigen Umfang von 27 Schriften fest; Augustinus und eine afrikanische Synode schließen sich ihm an, und 405 nennt auch Papst Innozenz I. auf eine Anfrage hin diesen Kanon als verbindlich.

lungen der Jesus-Worte und -Geschichten wandeln, die als ›Evangelium nach‹ Matthäus, Markus, Lukas und Johannes in den Kanon der Schriften des Neuen Bundes aufgenommen werden. Das Wort ›nach‹ bewahrt dabei die alte Bedeutung von der Frohen Botschaft Jesu Christi, die stets die eine und dieselbe ist und die bei den verschiedenen Sammlern und Aufzeichnern, eben den ›Evangelisten‹, nur in unterschiedlichem Umfang und divergierenden Wörtern überliefert ist.

Das ›Ur-Evangelium‹ bei Paulus

Wenn diese überlieferten Jesus-Worte und die in den Evangelien von ihm erzählten Geschichten auch in ihrer Mehrzahl auf die Zeit des historischen Jesus zurückgehen, so ist ihre schriftliche Fixierung durch die vier Evangelisten allerdings mehr als eine Generation

Paulus predigt in Athen. Gemälde von Raffael, 1514–15.

später anzusetzen. In diese erste Generation nach Christus fällt jedoch das gesamte Wirken des Apostels Paulus; seine Briefe sind die ältesten schriftlich überlieferten Dokumente des ›Neuen Testamentes‹; wenn nun gerade Paulus bestimmte Stellen seiner Schreiben als ihm selbst bereits tradiertes Gut herausstellt oder sie als solche klar zu erkennen sind, liegt uns hier ältestes Traditionsgut vor, das bis in die erste Zeit nach Jesu Tod zurückreicht.

Wenn Paulus nun mit der rabbinischen Schulformel ›weitergeben, was man empfangen hat‹ traditionelle Überlieferungen einführt, geraten wir in die allerältesten Schichten des jungen Christentums. In 1 Kor 11,23-26 heißt es:

»Denn ich habe von dem Herrn empfangen, was ich euch weitergegeben habe: Der Herr Jesus, in der Nacht, da er verraten ward, nahm er das Brot, dankte und brach's und sprach: Das ist mein Leib, der für euch gegeben wird; das tut zu meinem Gedächtnis. Desgleichen nahm er auch den Kelch nach dem Mahl

Areopag. Ideale Ansicht der Stadt Athen mit der Akropolis und dem Areopag. Gemälde von Leo von Klenze, 1846.

El Greco: »Jesus auf dem Kreuzweg«. Unten schlagen die Häscher das Kreuz. Die gelängte Zeichnung des Erlösers weist auf dessen übermenschliche Größe hin.

und sprach: Dieser Kelch ist der neue Bund in meinem Blut; das tut, sooft ihr daraus trinkt, zu meinem Gedächtnis. Denn sooft ihr von diesem Brot eßt und aus dem Kelch trinkt, verkündigt ihr den Tod des Herrn, bis er kommt.«

Ebenso heißt es 1 Kor 15,3-8: »Denn als erstes habe ich euch weitergegeben, was ich auch empfangen habe: Daß Christus gestorben ist für unsre Sünden nach der Schrift; und daß er auferstanden ist am dritten Tage nach der Schrift; und daß er gesehen worden ist von Kephas (d.h. Petrus), danach von den Zwölfen. Danach ist er gesehen worden von mehr als fünfhundert Brüdern auf einmal, von denen die meisten noch leben, einige aber sind entschlafen. Danach ist er gesehen worden von Jakobus, danach von allen Aposteln.

Das Leben des Apostels Paulus

Zeugnisse für das Leben des Apostels finden sich in seinen Briefen und in der Apostelgeschichte des Lukas, bei der die Zuverlässigkeit der bisweilen aus theologischem Interesse korrigierten Angaben allerdings in jedem Einzelfall überprüft werden muß.

Paulus wurde in der Mitte des ersten Jahrzehnts n. Chr. in Tarsus, der Hauptstadt Kilikiens in Kleinasien, geboren. Seine Familie führte ihren Ursprung auf den Stamm Benjamin zurück; er wurde nach deren prominentestem Sproß, dem ersten israelitischen König Saul, benannt. Mit großer Wahrscheinlichkeit besaß seine Familie das römische Bürgerrecht. Wie in solchen Fällen üblich legten die Juden sich einen zweiten Namen zu, der dem eigenen möglichst ähnlich klang, aber für Nichtjuden vertraut und unanstößig klang, in unserem Fall den römischen Namen Paulus. Die sprichwörtliche Redensart ›aus einem Saulus zum Paulus werden‹ bringt diese Namensdoppelung zu Unrecht mit seiner Bekehrung vor Damaskus zusammen. Paulus wuchs in der hellenistischen Stadtkultur zweisprachig auf – Griechisch, Aramäisch – und beherrschte wohl auch die Anfangsgründe des Lateinischen; seine Bibel war die LXX (s. S. 21 ff.). Von Beruf war er Zeltmacher, was ihn sozial nicht deklassiert, wie es dem heutigen Blick vielleicht erscheinen mag. Im Hellenismus gehörte es zu der für die stoisch-kynische Lehre zentralen Freiheit hinzu, daß es den Weisen unabhängig macht, wenn er von der eigenen Hände Arbeit leben kann, was Paulus in seinen Briefen wiederholt stolz betont.

Geistig hat er sich früh der pharisäischen Bewegung angeschlossen und in Jerusalem beim renommierten Rabbi Gamaliel studiert. Die Pharisäer waren eine innerjüdische Bewegung, deren Ursprung im zweiten vorchristlichen Jahrhundert liegt und deren Ziel eine möglichst genaue Einhaltung des Sabbats- und der Reinheitsgebote war, die durch Überlieferung noch weit über die Tora hinaus kasuistisch, d.h. in einer Fülle von Vorschriften für den Einzelfall, geregelt wurden. Dieser ›Eifer‹ für die Tora lag auch seiner Verfolgung der frühen christlichen Gemeinden zugrunde, die er in Gal 1,11-14 eingesteht, bis ihm vor Damaskus der Auferstandene erschien und ihn zum Apostel berief. Paulus war es wichtig, daß es sich dabei nicht um eine Vision des erhöhten Christus, sondern um eine – wenn auch verspätete – Erscheinung des Auferstandenen handelte, wie sie den anderen Aposteln auch zuteil geworden war (1 Kor 15,8). Mit ihr legitimierte er seine anschließende Missionstätigkeit.

Die Erwähnung des Statthalters von Achaja, Gallio, eines Bruders Senecas, in Apg 28,12, wo Paulus in Korinth vor ihn geladen wird, erlaubt eine Datierung seines Wirkens, da Gallios Amtszeit durch eine Inschrift belegt ist. 51/52 müssen sich Statthalter und Apostel begegnet sein, so daß die aus Briefen und Apostelgeschichte zu gewinnende relative Chronologie zur absoluten werden kann:

27/28 Beginn des Wirkens Johannes des Täufers und Jesu
30 Tod Jesu
33 Bekehrung des Paulus
50 1. Thessalonicherbrief
51/52 Auftritt vor Gallio in Korinth
55 (oder 54) 1. Korintherbrief, wohl Spätherbst 55:
2. Korintherbrief, Galaterbrief
56 Römerbrief
59 Ankunft in Rom
60 Philipperbrief
61 Philemonbrief
65 Tod des Paulus

Zuletzt vor allen ist er auch von mir als einer unzeitigen Geburt gesehen worden.«

Als weiteres überliefertes Gut, das Paulus fertig formuliert vorfindet, kann man noch den sogenannten ›Christushymnus‹ aus Phil 2,6-11 hinzunehmen. Er ist zwar nicht so eindeutig wie die Abendmahls- und die

Die Passion Christi als Bilderzählung in drei Teilen. Miniatur, Goldenes Evangeliar aus Echternach (Codex Aureus Epternacensis), um 1030. Dargestellt sind die Kreuztragung durch Simon aus Zyrene, die Kreuzigung und die Kreuzabnahme mit Grablegung.

Rembrandt führt uns in seinem Gemälde den Apostel Paulus lebensnah vor Augen. Der von Entbehrung Gezeichnete sitzt, versunken in seine Schriften, in einer dunklen Gefängniszelle. Nur sein Gesicht fängt ein wenig Licht auf.

Auferstehungsüberlieferung in die Zeit der paulinischen Katechese, also vor 33, zu datieren, gehört aber als vorpaulinisch ebenfalls zur Tradition der allerersten Christen:

»Er, der in göttlicher Gestalt war, hielt es nicht für einen Raub, Gott gleich zu sein, sondern entäußerte sich selbst und nahm Knechtsgestalt an, ward den Menschen gleich und der Erscheinung nach als Mensch erkannt. Er erniedrigte sich selbst und ward gehorsam bis zum Tode, ja zum Tode am Kreuz. Darum hat ihn auch Gott erhöht und hat ihm den Namen gegeben, der über alle Namen ist, daß in dem Namen Jesu sich beugen sollen aller derer Knie, die im Himmel und auf Erden und unter der Erde sind, und alle Zungen bekennen sollen, daß Jesus Christus der Herr ist, zur Ehre Gottes, des Vaters.«

In diesem Gut, das Paulus etwa 33 bei seiner Katechese in Damaskus (Apg 9) »empfangen« hat oder das er sonst bei seinem späteren Wirken als Ge-

Jesus aus dem berühmten Fresko »Das letzte Abendmahl« von Leonardo da Vinci im Kloster Santa Maria delle Grazie in Mailand, 1495–98.

Deutsche Armenbibel (Biblia Pauperum) von 1471, Holzschnitt mit typologischer Darstellung des Abendmahls.

meindegut überliefert vorgefunden hat, ist das Evangelium als Passionsgeschichte in nuce enthalten: Nach einem gemeinsamen Mahl mit den Jüngern, in dem Jesus schon von seinem bevorstehenden Tod weiß, und einem verräterischen Akt – das griechische Wort kann auch schlicht seine Auslieferung (an die Feinde) meinen – stirbt er um unseretwillen am Kreuz, bleibt aber nicht im Tode, sondern zeigt sich danach unterschiedlichen Personen aus dem Jüngerkreis, darunter als letztem dem Christenverfolger Paulus selbst.

Umfangen wird diese irdische Geschichte von einem kosmischen Geschehen: Der Gott gleiche Christus hält nicht an seiner Göttlichkeit (wie an einer errungenen

Stephan Lochners »Muttergottes in der Rosenlaube«, um 1450.

Beute) fest, sondern legt sie ab und nimmt unsere Sklavengestalt an, stirbt wie wir, ja sogar besonders schmachvoll am Kreuz, weshalb Gott ihn erhöht und zum Herrn, zum Kyrios – ein Kaisertitel! – des Kosmos einsetzt, vor dem sich alle zur Ehre Gottes niederwerfen müssen.

Die Emmausjünger

Den Hintergrund dieser frühen, z. T. in den ersten drei Jahren nach Jesu Tod erfolgenden theologischen Deutungen der Gestalt Jesu, seines Todes und seiner Auferstehung illustriert eine Geschichte aus dem Sondergut des Lukas, d.h. eine nur von diesem Evangelisten überlieferte Geschichte. Sie spielt in den Tagen nach der Kreuzigung.

Verhaftung und Tod Jesu wurden von seinen Jüngern als Katastrophe empfunden, und sie reagierten darauf mit einer ›Rette sich, wer kann‹-Stimmung: Ein Jüngling flieht lieber nackt – in Israel ein ungeheures Tabu –, ehe er in die Sache mit hineingezogen wird (Mk 15,50-52), und Petrus verleugnet seinen Herrn aus demselben Grund sogar dreimal (Mt 26,58-75). Berichte über Erscheinungen des Auferstandenen in Galiläa sprechen sogar dafür, daß die Jünger bis in ihre Heimat geflohen sind (Mk 14,28;16,7; Joh 21,1-13).

Erst diese Erscheinungen des Auferstandenen kehren – wie bei den Emmausjüngern – die Fluchtrichtung um und sammeln die Jünger wieder in Jerusalem, wo die Geschichte der Urgemeinde beginnt. Seitdem der schändliche Kreuzestod des von ihnen als Propheten und Meister verehrten Wander- und Wunderrabbi Jesus in seiner Auferstehung aufgehoben erscheint, gilt es, eben diesen Tod anders zu deuten als ein vollständiges Scheitern, wie es noch die Emmausjüngern in ihren Gesprächen tun.

Ihnen gegenüber ist es Jesus selbst, der seinen Kreuzestod aus den Leidenstraditionen des Alten Testaments ableitet und deutet, wie sie in Josephs Erniedri-

Matthias Grünewald »Die Auferstehung Jesu Christi«, Seitenflügel des Isenheimer Altars, 1512–15.

Abb. rechts: Jesus erscheint nach der Auferstehung Kleophas und zwei weiteren Jüngern und teilt mit ihnen das Gastmahl in Emmaus. Caravaggios dramatische Lichtregie verdeutlicht die Bestürzung der Jünger in der unheimlichen Szene.

gung und Erhöhung (s. S. 39 f.), bei den Propheten und vor allem in den Gottesknechts-Liedern des Jesaja (s. S. 86) oder in den Leidenspsalmen begegnen. In diesem Sinne betet Jesus bei Markus und Matthäus am Kreuz den 22. Psalm, der vom äußersten Leiden des sich von Gott verlassen Fühlenden zum Gotteslob führt (Mk 25,34; Mt 27,46). Das ist auch der Sinn der zweimaligen paulinischen Formel, Jesus sei ›nach der Schrift‹ gestorben und auferstanden (1 Kor 15,3 f.), bei den Emmausjüngern ist es geradezu das eschatologi-

Die Emmausjünger

Und siehe, zwei von ihnen gingen an demselben Tage in ein Dorf, das war von Jerusalem etwa zwei Wegstunden entfernt; dessen Name ist Emmaus. Und sie redeten miteinander von allen diesen Geschichten. Und es geschah, als sie so redeten und sich miteinander besprachen, da nahte sich Jesus selbst und ging mit ihnen. Aber ihre Augen wurden gehalten, daß sie ihn nicht erkannten. Er aber sprach zu ihnen: Was sind das für Dinge, die ihr miteinander verhandelt unterwegs? Da blieben sie traurig stehen. Und der eine, mit Namen Kleopas, antwortete und sprach zu ihm: Bist du der einzige unter den Fremden in Jerusalem, der nicht weiß, was in diesen Tagen dort geschehen ist? Und er sprach zu ihnen: Was denn? Sie aber sprachen zu ihm: Das mit Jesus von Nazareth, der ein Prophet war, mächtig in Taten und Worten vor Gott und allem Volk; wie ihn unsere Hohenpriester und Oberen zur Todesstrafe überantwortet und gekreuzigt haben. Wir aber hofften, er sei es, der Israel erlösen werde. Und über das alles ist heute der dritte Tag, daß dies geschehen ist ... Und er sprach zu ihnen: O ihr Toren, zu trägen Herzens, all dem zu glauben, was die Propheten geredet haben! Mußte nicht Christus dies erleiden und in seine Herrlichkeit eingehen? Und er fing an bei Mose und den Propheten und legte ihnen aus, was in der ganzen Schrift von ihm gesagt war. Und sie kamen nahe an das Dorf, wo sie hingingen. Und er stellte sich, als wollte er weitergehen. Und sie nötigten ihn und sprachen: Bleibe bei uns, denn es will Abend werden, und der Tag hat sich geneigt. Und er ging hinein, bei ihnen zu bleiben. Und es geschah, als er mit ihnen zu Tisch saß, nahm er das Brot, dankte, brach's und gab's ihnen. Da wurden ihre Augen eröffnet, und sie erkannten ihn. Und er verschwand vor ihnen. Und sie sprachen untereinander: Brannte nicht unser Herz in uns, als er mit uns redete auf dem Weg und uns die Schrift öffnete? Und sie standen auf zu derselben Stunde und kehrten zurück nach Jerusalem ... (Lk 24,13-21; 25-33a)

Der »ungläubige Thomas« legt seine Hand in die Seitenwunde des Auferstandenen auf dieser schmalen Elfenbeintafel, Ende 10. Jh.

sche ›dei‹ (Lk 24,26; s. S. 121), dem Jesu Leidensplan folgen muß.

Belehrt durch die Auferstehung versucht die Urgemeinde, Leben, Taten und Worte des Auferstandenen von seinem Ende in Tod und Auferstehung her zu deuten, den irdischen Lehrer und Wundermann mit dem Gekreuzigten und beide wieder mit dem Auferstandenen in eins zu sehen; es entstehen die Sammlungen von Jesu Worten, Taten und Wundern, die zu den Evangelien führen.

Albrecht Dürer: »Jesus als Schmerzensmann«, um 1493/94.

Die Entstehung der synoptischen Evangelien

Man hat die Evangelien einmal Passionsgeschichten mit verlängerter Vorgeschichte genannt. In der Tat ist der evangelische Bericht von der Passion sowohl bei Markus, Matthäus und Lukas als auch bei dem im übrigen Erzähl- und Redenstoff meist divergierenden Johannes von größter Homogenität.

Die synoptische Frage

Die mit der Aufklärung einsetzende Bibelkritik führte auch zur wissenschaftlichen Bearbeitung der Frage nach dem Verhältnis der Evangelien untereinander. Der seit 1775 in Jena lehrende Neutestamentler Johann Jakob Griesbach schuf zur Klärung des Verhältnisses der schon immer als eng verwandt geltenden Evangelien des Matthäus, Markus und des Lukas das Instrument der ›Synopse‹. In ihr werden die Parallelstellen in diesen Evangelien jeweils parallel in drei Spalten abgedruckt, wobei jedes Evangelium einmal vollständig in seiner Chronologie angeführt, ansonsten aber in die jeweils parallelen Abschnitte (= Perikopen) verzettelt wird. Dies Verfahren erwies sich als das schlechthin entscheidende zur Erforschung der von Griesbach so genannten drei ›Synoptiker‹, wenn auch sein eigener Lösungsvorschlag, nach dem Markus Matthäus und Lukas benutzt habe, sich nicht durchgesetzt hat.

Arnulf Rainer, »Christus«, 1995–98. Mit der Technik der Übermalung gelingt eine transzendente, dem Irdischen enthobene Wirkung.

Das sorgfältige Studium der Paralleldrucke ergab dagegen, daß fast das gesamte Markus-Evangelium sowohl von Matthäus als auch von Lukas so benutzt worden sind, daß man es fast vollständig aus den Übereinstimmungen der beiden rekonstruieren könnte. Auslassungen beider oder auch nur eines der Evangelisten führen zu einer Modifizierung, nach der es nicht das heutige und auch nicht dasselbe Markus-Evangelium gewesen ist, das den Kollegen vorlag. Nahm man früher einen ›Ur-Markus‹ an, der sich nach der Benutzung durch die anderen Synoptiker noch weiterentwickelt hat, so hat die Herausarbeitung zahlloser kleiner unbedeutender Gemeinsamkeiten, etwa in Partikeln, in der jüngeren Vergangenheit zu der Theorie geführt, der zufolge Lukas und Matthäus wohl einen weiter entwickelten Markus-Text benutzt haben, der danach verlorengegangen ist, also keinen Ur-Markus, sondern einen späteren Deutero-Markus.

Neben den Übereinstimmungen zwischen den drei Evangelien, die sich nicht nur auf einzelne Perikopen, sondern auch auf den Erzählaufriß beziehen, stimmen Matthäus und Lukas in zahlreichen Jesus-Worten überein, und zwar so wörtlich, daß es sich um eine beiden schriftlich vorliegende Sammlung im Umfang von ca. 4000 Wörtern gehandelt haben muß, der man den Notnamen »Q« für »Logienquelle« gegeben hat (Logion griech. = Ausspruch).

Die Logienquelle enthält überwiegend Redenstoff und nur wenige Erzählungen, so die von der Versuchung Jesu (Mt 4,1-11/Lk 4,1-13) oder den Komplex zu Johannes dem Täufer (Mt 11,2-11/ Lk 7,18-28), und nur

In den Jahren 1989 bis 1996 erarbeiteten 47 Wissenschaftler in Nordamerika und Europa unter Federführung von James M. Robinson und John S. Kloppenborg Verbin eine griechische Textrekonstruktion von Q. Sie ist in einer Studienausgabe Griechisch und Deutsch »Die Spruchquelle Q« (2002) leicht zugänglich.

Honoré Daumier, »Ecce Homo« (»Seht, das ist der Mensch«, Joh 19,5), um 1850.

Die Leben-Jesu-Forschung
Seit der Aufklärung, beginnend mit Lessings Edition der Fragmente des Reimarus, hat man sich im Liberalismus bemüht, ein nicht vom ›Mythos‹ oder von der ›Theologie‹ überzeichnetes Jesus-Bild zu gewinnen, ein »Leben Jesu« ohne Überhöhung als Christus (= Messias) oder Sohn Gottes zu schreiben. Man hoffte so, gemäß der Ideologie des 19. Jahrhunderts, aus Jesus einen großen Menschen, einen Heroen des Humanismus zu machen, ein Bild zu gewinnen, von dem man die späteren mythischen Übermalungen gleichsam abgewaschen hatte. Albert Schweitzer hat 1906 in seiner Geschichte der Leben-Jesu-Forschung »Von Reimarus zu Wrede« eindrucksvoll die Summe dieses Scheiterns gezogen. Wir wissen inzwischen, daß die Prämissen nicht stimmen und die Evangelien, von vornherein als Glaubenszeugnisse nach der Auferstehung gesammelt, als biographische Dokumente untauglich sind. Lediglich die kanonische Anordnung dieser Erzählsammlungen vor den Briefen führte zu der irrigen Auffassung, es gebe einen historisch diesseitigen Jesus, den die spekulative Rabbulistik des ehemaligen Pharisäers Saulus-Paulus zum jenseitigen Christus verzeichnet und verklärt habe. Das berühmteste Werk dieser Art von weltweiter Verbreitung und Bedeutung innerhalb des Christentums war Ernest Renan »La Vie de Jésus« (1863), das Oscar Wilde einmal als das »fünfte Evangelium, das nach dem heiligen Zweifler Thomas«, genannt hat.

eine Wundergeschichte, die vom Hauptmann von Kapernaum (Mt 8,5-10.13/Lk 7,6b-10). Bei allen Unterschieden zu den späteren Evangelien ist der Stoff ähnlich angeordnet und führt von Johannes dem Täufer über die Versuchung Jesu zur Belehrung über die Endzeitereignisse.

Da jede Anspielung auf die Eroberung Jerusalems und die Zerstörung des Tempels fehlt, ist Q vor 70 entstanden; hypothetisch wird eine Entstehung zwischen 40 und 50 n. Chr. angenommen. Die Annahme einer aramäischen Urfassung wird heute verworfen; auch wenn die Logien auf aramäische Jesus-Worte zurückgehen, wurde Q bei der durchgehenden Zweisprachigkeit Palästinas im 1. Jh. n. Chr. von Anfang an auf Griechisch abgefaßt.

Von den späteren Evangelien unterscheidet sie vor allem das Fehlen von Passion und Auferstehung, weshalb man sie als ›Halbevangelium‹ oder als ›Testament‹ bezeichnet hat. Ostern ist jedoch implizit mitgedacht; erst die Tatsache der Auferstehung ermutigt zur Fortführung und wohl auch geistinspirierten Fortschreibung einer Sammlung von Worten des historischen Jesus und des erhöhten Christus. »Es liegt hier eine spezifische, neuartig redigierende Gattung vor, die vom ›Kommen‹ Jesu, seinem ›Geschick‹ und von seinem Epiphanwerden (= göttlichem Erscheinen – V.N.) im Wort (vom Reich Gottes) und am Ende von seiner Parusie (Erscheinen in Herrlichkeit – V.N.) berichtet und die – weil uns Q verlorenging – in der Tradition keinen sachgerechten Namen fand, die aber im Gegenüber zur und neben der Passionsgeschichte das zweite Bauelement der Gattung ›Evangelium‹ wurde.« (H. Schürmann)

Der Inhalt und das Ethos der in Q überlieferten Sprüche lassen Rückschlüsse auf die sozialen Gruppen

Der ungläubige Thomas aus der Passion von Albrecht Dürer. Jesus legt die Hand des zweifelnden Jüngers in die Wunde an seiner Seite.

Die zwölf Jünger steigen hinter Jesus auf den Berg, Miniatur aus einer griechischen Handschrift des 12. Jh.

zu, die Q gesammelt und tradiert haben. Sprüche wie Q 9,57-60 – »Und einer sagte ihm: Ich will dir folgen, wohin du auch gehst. Und Jesus sagte ihm: Die Füchse haben Höhlen und die Vögel des Himmels Nester, der Menschensohn aber hat nichts, wohin er seinen Kopf legen kann. Ein anderer aber sagte ihm: Herr, gestatte mir, zuvor fortzugehen und meinen Vater zu begraben. Er aber sagte ihm: Folge mir, und lass die Toten ihre Toten begraben.« – verkünden ein Ethos der radikalen Besitz- und Heimatlosigkeit sowie eine Auflösung traditioneller Familienbande, wie sie in der Zeit bei Stoikern und Kynikern, aber auch beim Apostel Paulus zum Beispiel keineswegs ungewöhnlich war.

Andere Logien setzen Besitz voraus, den man willig teilen soll (Lk 6,30; 14,15-24); vermutlich waren die seßhaften Besitzenden das soziale Substrat der besitzlos Umherwandernden, beide Gruppen waren die Träger der der unverfälschten Lehre, der rechten Lebensführung und der Mission dienenden Sammlung Q.

Die Gleichnisse oder Parabeln

Eine in Jesu Lehre herausstechende Eigenart ist das Predigen in Gleichnissen. Sie sind fast ausnahmslos der engsten palästinensischen Umwelt entnommen und beschränken sich dabei knapp aufs Wesentlichste; ihre Handlung ist einsinnig und läuft auf eine einfache

Wahrheit hinaus, die am Schluß steht, und von diesem Ende aus erschließt sich das ganze Gleichnis.

Als Beispiel für Jesu Gleichnisse und die Gefahr ihres Mißverstehens sei die Parabel vom Sämann genannt. Zu ihrem Verständnis muß man lediglich wissen, daß man in Palästina vor dem Pflügen säte, d.h. die Saat anschließend unterpflügte, und daß der durchschnittliche Ernteertrag beim Dreißigfachen lag: »Höret zu! Siehe, der Sämann ging aus, um zu säen. Und es begab sich, indem er säte, fiel etliches auf den Weg, und die Vögel kamen und fraßen es auf. Andres fiel auf den felsigen Boden, wo es nicht viel Erde fand, und es ging sogleich auf, weil es nicht tiefe Erde fand; und als die Sonne aufging, wurde es verbrannt, und weil es nicht Wurzel hatte, verdorrte es. Andres fiel unter die Dornen, und die Dornen wuchsen auf und erstickten es, und es brachte keine Frucht. Noch andres

Gleichnis vom verlorenen Sohn: Gemälde von Rembrandt, 1662.

Der große Neutestamentler Rudolf Bultmann hat den gesamten Überlieferungsbestand von Jesus bei den Synoptikern nach den Kriterien ihrer literarischen Gestaltung (= Morphologie) gesichtet und geordnet (Die Geschichte der synoptischen Tradition, 1921). Grundsätzlich unterscheidet er dabei zwischen Erzählungsstoff und Redestoff, zu dem alles zählt, was als Ausspruch Jesu überliefert ist. Die aus der gesamten Antike bekannte Gattung der ›Apophtegmata‹, bei denen eine kurze Erzählung in einen für einen Philosophen oder Helden typischen Ausspruch mündet, zählt Bultmann ebenfalls zum Redestoff.

Bei den Erzählungen von Jesus unterscheidet er zwischen Wundergeschichten und Geschichtserzählungen und Legenden. Die Wundergeschichten wiederum zerfallen in die Heilungs- und die Naturwunder.

Zwei Wundertaten Jesu sind auf dem Evangeliar Ottos III, um 998–1001, zu sehen: Die Stillung des Sturms und die Heilung eines Besessenen.

Ein Heilungswunder

Und sie gingen hinein nach Kapernaum; und alsbald lehrte er am Sabbat in der Synagoge. Und sie erstaunten über seine Lehre; denn er lehrte sie wie einer, der Gewalt hat, und nicht wie die Schriftgelehrten. Und alsbald war in ihrer Synagoge ein Mensch mit einem unreinen Geist, der schrie auf und rief: Was haben wir mit dir zu schaffen, Jesus von Nazareth? Bist du gekommen, uns zu verderben? Wir wissen, wer du bist, der Heilige Gottes! Da bedrohte ihn Jesus und sprach: Verstumme und fahre aus von ihm! Und der unreine Geist riß ihn hin und her, schrie mit lauter Stimme und fuhr von ihm aus. Und sie erstaunten alle, so daß sie sich besprachen und sagten: Was ist das? Eine neue Lehre voll Gewalt; und der unreinen Geistern gebietet er, und sie gehorchen ihm. Und das Gerücht über ihn verbreitete sich alsbald überallhin in die ganze umliegende Landschaft von Galiläa. (Mk 1,23-28)

Der Aufbau solcher Geschichten folgt unverbrüchlich einem festen Schema: 1) Die Situation des Kranken wird geschildert. 2) Der Dämon erkennt seinen Beschwörer. 3) Dem Dämon wird befohlen, den Kranken zu verlassen. 4) Die Wirkung zeigt sich am Kranken. 5) Die Wirkung auf die Zuschauer wird geschildert in einem sogenannten »Chorschluß« (M. Dibelius). Die Naturwunder weisen dasselbe Schema auf. Im Gegensatz zu anderen Wundermännern der Antike sind von Jesus nur Hilfs- und Heilungswunder überliefert, keine Schau- oder Strafwunder. Bei der dieser Feststellung widersprechenden Verfluchung des Feigenbaums Mk 11,12-14;20 f. handelt es sich um eine Zeichenhandlung in prophetischer Tradition (s. S. 83): So ergeht es dem, der keine Frucht trägt.

Geschichtserzählungen und Legenden unterscheiden sich durch den Einbruch des Übernatürlichen in Legenden wie der Verkündigung an Maria (Lk 1,26-38), an die Hirten (Lk 2,8-14), der Versuchung (Mk 1, 12f.) oder Verklärung Jesu (Mk 9, 2-10), während die Erzählungen von der Bethlehemreise (Lk 2,1-7) oder die Passions- und Osterberichte ohne Elemente des Übernatürlichen auskommen.

Den Redestoff unterteilt Bultmann in Apophtegmata, Sprüche und Gleichnisse. Auch eine Heilungsgeschichte wie die Mk 3,1-6 rechnet er zu den Apophtegmata, da der Zielpunkt (= Skopus) der Geschichte nicht das Wunder, sondern Jesu Neubewertung des Sabbats ist. Eins der berühmtesten Apophtegmata findet sich Mk 10,13-16: »Und sie brachten Kinder zu ihm, damit er sie anrühren möchte. Die Jünger aber schalten die, welche sie brachten. Als Jesus das sah, wurde er unwillig und sprach zu ihnen: Lasset die Kinder zu mir kommen, wehret

Jesus heilt einen Gelähmten in Kapernaum. Der Gelähmte hört die Worte Jesu »Steh auf, nimm Dein Bett und geh!« und tut dies auf der rechten Bildseite. Miniatur im Evangeliar Heinrichs III. aus Echternach um 1043–1046.

Die Verklärung Christi, als Vorwegnahme der Auferstehung und Inthronisation als Herr der Herrlichkeit. Mose und Elija werden mit den Jüngern Zeugen der Verklärung, 14. Jh.

Ein Naturwunder
Und an jenem Tage sagte er zu ihnen, als es Abend geworden war: Lasset uns ans jenseitige Ufer fahren! Und sie verließen das Volk und nahmen ihn, wie er war, im Schiffe mit; und andre Schiffe waren bei ihm. Und es erhob sich ein großer Windsturm, und die Wellen schlugen ins Schiff, sodaß das Schiff sich schon füllte. Und er schlief im Hinterteil des Schiffes auf dem Kissen. Und sie weckten ihn und sagten zu ihm: Meister, kümmert dich nicht, daß wir untergehen? Und nachdem er erwacht war, bedrohte er den Wind und sprach zum See: Schweig, verstumme! Da legte sich der Wind, und es trat eine große Windstille ein. Und er sprach zu ihnen: Warum seid ihr so furchtsam? Habt ihr noch keinen Glauben? Und sie gerieten in große Furcht und sagten zueinander: Wer ist doch dieser, daß ihm sogar der Wind und der See gehorsam sind? (Mk 4,35-41)

es ihnen nicht; denn solchen gehört das Reich Gottes. Wahrlich, ich sage euch: Wer das Reich Gottes nicht annimmt wie ein Kind, wird nicht hineinkommen. Und er umarmte und segnete sie, indem er ihnen die Hände auflegte.«

Einen Verwandten des Apophtegmas sieht Bultmann in dem aus Frage, Gegenfrage und Entscheidung bestehenden rabbinischen Schulgespräch: »Und sie senden zu ihm etliche der Pharisäer und der Anhänger des Herodes, um ihn bei einem Ausspruch zu fangen. Und sie kommen und sagen zu ihm: Meister, wir wissen, daß du wahrhaftig bist und auf niemand Rücksicht nimmst; denn du siehst die Person der Menschen nicht an, sondern lehrst den Weg Gottes nach der Wahrheit. Ist es erlaubt, dem Kaiser Steuer zu geben, oder nicht? Sollen wir sie geben oder nicht geben? Da er aber ihre Heuchelei kannte, sprach er zu ihnen: Was versucht ihr mich? Bringet mir einen Denar, damit ich ihn sehe! Da brachten sie einen. Und er sagte zu ihnen: Wessen ist dieses Bild und die Aufschrift? Sie antworteten ihm: Des Kaisers. Da sprach Jesus zu ihnen: Gebet

dem Kaiser, was des Kaisers ist, und Gott, was Gottes ist! Und sie verwunderten sich über ihn.« (Mk 12, 13-17)

Die Sprüche Jesu zeichnen sich durch ihre Kontextlosigkeit aus, die sie für die synoptischen Evangelisten frei schaltbar machen. So bietet Markus 8,34 bis 9,1 eine Spruchsammlung. Der Reichtum solcher Sprüche in der Logienquelle Q stiftet Matthäus und Lukas viel Material, das sie in ihren redaktionellen Rahmen einfügen können; der Reichtum ist sogar so groß, daß Matthäus und Lukas aus ihm ganze Spruchkompositionen schaffen, die Bergpredigt (Mt 5-7) und die Feldrede (Lk 6,20-49).

Jesu Sprüche weisen häufig eine nur von ihm überlieferte Besonderheit auf: Um die Wichtigkeit, Neuheit und Einzigartigkeit eines Diktums zu betonen, beginnt er es mit dem Ausdruck ›Amen‹, der sonst nur als bestätigende Schlußformel dient: »Wahrlich (= Amen), ich sage euch ...«.

Bildtafeln aus der Decke der nach 1130 erbauten Kirche St. Martin in Zillis (Graubünden). Unter anderem ist die Versuchung Jesu durch den Teufel und die Tempelreinigung dargestellt.

In Goethes »Wilhelm Meisters Wanderjahre« wird der Titelheld in der Pädagogischen Provinz durch eine Bildergalerie zum Leben Jesu geführt: »›Ihr seht‹, sagte der Begleiter, nachdem sie an einem Teil der Bilder vorübergegangen waren, ›hier weder Taten noch Begebenheiten, sondern Wunder und Gleichnisse. Es ist hier eine neue Welt, ein neues Äußeres, anders als das vorige, und ein Inneres, das dort ganz fehlt. Durch Wunder und Gleichnisse wird eine neue Welt aufgetan. Jene machen das Gemeine außerordentlich, diese das Außerordentliche gemein.‹ – ›Ihr werdet die Gefälligkeit haben‹, versetzte Wilhelm, ›mir diese wenigen Worte umständlicher auszulegen: denn ich fühle mich nicht geschickt, es selbst zu tun.‹ – ›Sie haben einen natürlichen Sinn‹, versetzte jener, ›obgleich einen tiefen. Beispiele werden ihn am geschwindesten aufschließen. Es ist nichts gemeiner und gewöhnlicher als Essen und Trinken; außerordentlich dagegen einen Trank zu veredeln, eine Speise zu vervielfältigen, daß sie für eine Unzahl hinreiche. Es ist nichts gewöhnlicher als Krankheit und körperliche Gebrechen; aber diese durch geistige, oder geistigen ähnliche Mittel aufheben, lindern, ist außerordentlich und eben daher entsteht das Wunderbare des Wunders, daß das Gewöhnliche und Außerordentliche, das Mögliche und das Unmögliche eins werden. Bei dem Gleichnisse, bei der Parabel, ist das Umgekehrte: hier ist der Sinn, die Einsicht, der Begriff, das Hohe, das Außerordentliche, das Unerreichbare. Wenn dieser sich in einem gemeinen, gewöhnlichen, faßlichen Bilde verkörpert, so daß er uns als lebendig, gegenwärtig wirklich entgegen tritt, daß wir uns ihn zueignen, ergreifen, festhalten, mit ihm wie mit unsers Gleichen umgehen können, das ist denn auch eine zweite Art von Wunder und wird billig zu jenen ersten gesellt, ja vielleicht ihnen noch vorgezogen. Hier ist die lebendige Lehre ausgesprochen, die Lehre, die keinen Streit erregt; es ist keine Meinung über das, was Recht oder Unrecht ist; es ist das Rechte oder Unrechte unwidersprechlich selbst.‹«

fiel auf den guten Boden und brachte Frucht, indem es aufging und wuchs; und eins trug dreißigfältig und eins sechzigfältig und eins hundertfältig. Und er sprach: Wer Ohren hat zu hören, der höre!« (Mk 4,3-9) Jesu Hörern im ländlichen Palästina mußte der Sinn unmittelbar einleuchten: Der verschwenderischen Aussaat, die auf Scheitern hin angelegt zu sein scheint, entspricht dennoch eine überreiche Ernte; der scheinbar scheiternden Predigt Jesu wird ein triumphaler Erfolg beschieden sein.

Dieser ebenso schlichte wie auf der Hand liegende Sinn ging bereits der nächsten Generation verloren, und Markus läßt dem schlichten Gleichnis zunächst so etwas wie eine Verstockungstheorie folgen, als hätte Jesus seine Gleichnisse nicht etwa eingesetzt, um verstanden zu werden, sondern um seine Botschaft zu verhüllen (Mk 4,11 f.), die er dann den Eingeweihten, also den Jüngern, allegorisch erläutert: Durch das damalige exegetische Verfahren der Allegorese (s. S. 117) verleitet, werden auch Jesu Gleichnisse als Allegorien aufgefaßt: »Der Sämann sät das Wort. Die auf dem Wege aber sind die, bei denen das Wort gesät wird, und wenn sie es gehört haben, kommt alsbald der Satan und nimmt das Wort weg, das in sie gesät worden ist. Und ebenso sind die auf den felsigen Boden Gesäten die, welche das Wort, wenn sie es gehört haben, alsbald mit Freuden aufnehmen; und sie haben keine Wurzel in sich, sondern sind Menschen des Augenblicks. Wenn nachher um des Wortes willen Trübsal

Die Versuchung Jesu durch den Teufel auf einer Miniatur der Ottheinrich-Bibel um 1430.

oder Verfolgung entsteht, nehmen sie alsbald Anstoß. Und andre sind die unter Dornen Gesäten; das sind die, welche das Wort gehört haben, und die Sorgen der Welt und der Trug des Reichtums und die Begierden nach andren Dingen dringen ein und ersticken das Wort und es bringt keine Frucht. Und die auf den guten Boden Gesäten sind die, welche das Wort hören und es aufnehmen und Frucht tragen, eins dreißigfältig und eins sechzigfältig und eins hundertfältig.« (Mk 4,14-20) Jesu Gleichnisse sind nie Allegorien, sondern haben stets nur einen Vergleichspunkt: scheiternde Aussaat – gelingende Ernte.

Einige Gleichnisse Jesu
»Und er sprach: Mit dem Reiche Gottes ist es so, wie wenn ein Mensch den Samen in die Erde wirft und schläft und aufsteht Nacht und Tag, und der Same sproßt und wird groß, er weiß selbst nicht wie. Von selbst bringt die Erde Frucht, zuerst den Halm, dann die Ähre. Wenn aber die Frucht es zuläßt, legt er alsbald die Sichel an; denn die Ernte ist da.
Und er sprach: Wie sollen wir das Reich Gottes abbilden oder unter welchem Gleichnis sollen wir es darstellen? Es ist gleich einem Senfkorn, das, wenn es in die Erde gesät wird, kleiner ist als alle Samenarten auf Erden; und wenn es gesät wird, geht es auf und wird größer als alle Gartengewächse und treibt große Zweige, sodaß die Vögel des Himmels unter seinem Schatten nisten können.« (Mk 4,26-32)
»Das Reich der Himmel ist gleich einem im Acker verborgenen Schatz, den ein Mensch fand und wieder verbarg. Und in seiner Freude geht er hin und verkauft alles, was er hat, und kauft jenen Acker.
Wiederum ist das Reich der Himmel gleich einem Kaufmann, der schöne Perlen suchte. Als er eine kostbare gefunden hatte, ging er hin, verkaufte alles, was er hatte, und kaufte sie.« (Mt 13,44-46)

Die Fortschreibung eines Gleichnisses

Bei Lukas findet sich folgendes Gleichnis (14,15-24): »Ein Mann veranstaltete ein großes Gastmahl und lud viele ein. Und zur Stunde des Gastmahls sandte er seinen Knecht, den Eingeladenen zu sagen: Kommet, denn es ist nun bereit! Und alle fingen gleichermaßen an, sich zu entschuldigen. Der erste sagte zu ihm: Ich habe einen Acker gekauft und muß notwendig hinausgehen und ihn besichtigen; ich bitte dich, sieh mich als entschuldigt an! Und ein andrer sagte: Ich habe fünf Joch Ochsen gekauft und gehe hin, um sie zu prüfen; ich bitte dich, sieh mich als entschuldigt an! Noch ein andrer sagte: Ich habe eine Frau genommen und kann deshalb nicht kommen. Und der Knecht kam und berichtete dies seinem Herrn. Da wurde der Hausherr zornig und sagte zu seinem Knecht: Geh schnell hinaus auf die Straßen und Gassen der Stadt und führe die Armen und Krüppel und Blinden und Lahmen hier herein! Und der Knecht sagte: Herr, es ist geschehen, was du befohlen hast, und es ist noch Raum vorhanden. Da sagte der Herr zu dem Knecht: Geh hinaus auf die Landstraßen und an die Zäune und nötige sie, hereinzukommen, damit mein Haus voll werde! Denn ich sage euch: Keiner jener Männer, die eingeladen waren, wird mein Gastmahl zu kosten bekommen.«

Der Sinn ist eindeutig, auch wenn das feierliche Gastmahl nicht in Jesu Worten ständig als das Himmelreich präsent wäre: Die ursprünglich Geladenen – Israel – haben die Einladung ausgeschlagen; jetzt werden die bislang Verachteten die neuen Ehrengäste.

Matthäus hat in seinem Evangelium das schlichte Gleichnis aus Q für die Zeit nach 70 fortgeschrieben und dabei zum einen die Bildhälfte sinnlos vergröbert und zerstört und zugleich die Sachhälfte erweitert: »Das Reich der Himmel ist gleich einem König, der seinem Sohn die Hochzeitsfeier rüstete. Und er sandte seine Knechte aus, um die Geladenen zur Hochzeit zu rufen, und sie wollten nicht kommen. Wiederum sandte er andre Knechte aus und sprach: Saget den Geladenen: Siehe, ich habe meine Mahlzeit bereitet, meine Ochsen und das Mastvieh sind geschlachtet und alles ist bereit; kommet zur Hochzeit! Sie jedoch achteten nicht darauf, sondern gingen hinweg, der eine auf seinen Acker, der andre an sein Geschäft, die übrigen aber ergriffen seine Knechte, mißhandelten sie und töteten sie. Da wurde der König zornig und sandte seine Heere aus, ließ jene Mörder umbringen und ihre Stadt anzünden. Dann sagte er zu seinen Knechten: Die

Hochzeit ist zwar bereit, aber die Geladenen waren unwürdig. Darum gehet an die Kreuzungen der Straßen und ladet zur Hochzeit ein, so viele ihr findet! Und jene Knechte gingen hinaus auf die Straßen und brachten alle zusammen, die sie fanden, Böse und Gute, und der Hochzeitssaal wurde voll von Gästen.

Als aber der König hineinging, um sich die Gäste zu betrachten, sah er dort einen Menschen, der nicht mit einem Hochzeitskleid angetan war. Und er sagte zu ihm: Freund, wie bist du hier hereingekommen ohne ein Hochzeitskleid? Der aber verstummte. Da sprach der König zu den Dienern: Bindet ihm Hände und Füße und werfet ihn hinaus in die Finsternis, die draußen ist! Dort wird Heulen und Zähneknirschen sein. Denn viele sind berufen, wenige aber auserwählt.« (Mt 22,2-14)

Der Sinn für die schlichte Präzision von Jesu Gleich-

Die vier Apostel, gemalt von Albrecht Dürer, 1526: Johannes, Petrus, Markus und Paulus.

Ein zynisches Gleichnis:
»Es war ein reicher Mann, der hatte einen Verwalter, der wurde bei ihm beschuldigt, er verschleudere ihm seinen Besitz. Und er ließ ihn rufen und sprach zu ihm: Was höre ich da von dir? Gib Rechenschaft über deine Verwaltung; denn du kannst hinfort nicht Verwalter sein. Der Verwalter sprach bei sich selbst: Was soll ich tun? Mein Herr nimmt mir das Amt; graben kann ich nicht, auch schäme ich mich zu betteln. Ich weiß, was ich tun will, damit sie mich in ihre Häuser aufnehmen, wenn ich von dem Amt abgesetzt werde. Und er rief zu sich die Schuldner seines Herrn, einen jeden für sich, und fragte den ersten: Wieviel bist du meinem Herrn schuldig? Er sprach: Hundert Eimer Öl. Und er sprach zu ihm: Nimm deinen Schuldschein, setz dich hin und schreib flugs fünfzig. Danach fragte er den zweiten: Du aber, wieviel bist du schuldig? Er sprach: Hundert Sack Weizen. Und er sprach zu ihm: Nimm deinen Schuldschein und schreib achtzig. Und der Herr lobte den ungetreuen Verwalter, weil er klug gehandelt hatte; denn die Kinder dieser Welt sind unter ihresgleichen klüger als die Kinder des Lichts. Und ich sage euch: Macht euch Freunde mit dem ungerechten Mammon, damit, wenn er zu Ende geht, sie euch aufnehmen in die ewigen Hütten.« (Lk 16,1-9)

nissen ist hier völlig verlorengegangen; hier stimmt einfach nichts mehr. Welchen vernünftigen Grund gäbe es, Einlader zu einer Hochzeit zu ermorden, es sei denn, man wolle damit die frühe Christenverfolgung und die Zerstörung Jerusalems allegorisieren? Und wie soll ein vom Straßenrand Geholter ein Hochzeitskleid tragen? Hier will Matthäus offenbar der Tatsache Rechnung tragen, daß sich auch in die christliche Gemeinde üble Subjekte eingeschlichen haben, die es zu exmittieren gilt.

Die Neigung der späteren Kirche, Bibeltexte übermäßig zu beanspruchen, war im Falle dieses Gleichnisses besonders verhängnisvoll: Das nur in Lukas' Bildlichkeit sinnvolle »Nötigt sie, hereinzukommen« – »cogite intrare« – wurde, aus dem Kontext gerissen, zur Rechtfertigung von Zwangsbekehrungen mißbraucht.

Ebenso hat Matthäus das Naturwunder von der Stillung des Sturms (s. S. 146) für seine Zeit fortgeschrieben: Aus dem Sturm bei Markus und Lukas wird ein veritables Erdbeben, natürlich kein wirklicher Tsunami, sondern eines der kosmischen Merkzeichen für das Weltende in der Apokalyptik (s. S. 122). Auch in den Drangsalen und Trübnissen der Endzeit sollen die Christen den Glauben nicht verlieren, daß Christus das Schiff, das sich Gemeinde nennt, beschützt. Entsprechend wird den Jüngern jetzt nicht mehr vorgeworfen: Habt ihr noch keinen Glauben?, sondern »kleingläubig« zu sein, zu wenig Glauben zu haben.

Die synoptischen Evangelien entstehen in der bewußten Redaktion und Komposition dieser von unterschiedlichen Kreisen in unterschiedlichem Interesse überlieferten kleinsten Einheiten von Wunderberichten, Geschichten, Legenden, Apophtegmata, Logien und Gleichnissen durch den jeweiligen Evangelisten.

Das Evangelium nach Markus

Der nur in der Evangelienüberschrift genannte Markus soll nach einer um 130 bezeugten Tradition der Dolmetscher des Petrus gewesen sein und nach dessen Lehrvorträgen ohne Rücksichten auf die Chronologie der Ereignisse sein Evangelium aufgeschrieben haben. Dies ist aber wohl auf die Nennung eines Markus in 1 Petr 5,13 zurückzuführen; im Evangelium ist keine besondere Stellung des Petrus über die üblichen Traditionen hinaus zu erkennen. Markus war somit wohl ein uns unbekannter Heidenchrist mit Griechisch als Muttersprache, der auch Aramäisch beherrschte. Geschrieben hat er sein Evangelium für Griechisch sprechende Leser und Hörer, für die er regelmäßig hebräische oder aramäische Ausdrücke übersetzt (z. B. Mk 3,17; 5,41; 7,11.34; 9,43; 14,36; 15,22.34). Auffällig

Die Berufung des Petrus beim Fischfang, Ausschnitt aus einem Mosaik von Sant'Apollinare Nuovo in Ravenna aus dem 6. Jh.

»Die Kreuzigung in Gelb« von Marc Chagall mit jüdischen Motiven: Gebetsriemen an Jesu Haupt und Arm, davor eine Thorarolle über apokalyptischer Landschaft, 1942.

sind die zahlreichen Latinismen im Evangelium: medius (4,21), legio (5,9.15), speculator (6,27), denarius (6,37), pugnus (7,3) sextarius (7,4), quadrans (12,42), flagellare (15,15), praetorium (15,16), centurio (15, 39.44 f.). Da sie dem weitverbreiteten Geld- und Militärbereich entstammen, spricht dies nicht unbedingt für eine oft angenommene Entstehung in Rom. Je nachdem, ob man Mk 13,2.14 als echte Prophezeiung oder als ›vaticinium ex eventu‹ (scheinbare ›Weissagung‹ nach Eintreten des Ereignisses) ansieht, ergibt sich eine Entstehung kurz vor oder kurz nach 70, d.h. der Zerstörung Jerusalems und des Tempels.

Ob das ursprüngliche Markusevangelium mit der Entdeckung des leeren Grabs endete oder ob anschließende Auferstehungsgeschichten verloren gegangen

Die markinische Redaktion hat dem verarbeiteten tradierten Gut eine klare Gliederung gegeben (nach U. Schnelle), durch die sich Markus nicht nur als Sammler und Redaktor, sondern auch als Erzähler erweist:

1. Hauptteil: Jesu Wirken innerhalb und außerhalb Galiläas
1,1-6,56 Die Evangeliumsverkündung in Galiläa
1,1-15 Prolog
1,16-45 Jesu erstes Wirken
2,1-3,6 Streitgespräche
3,7-35 Heilungen, Berufung der Jünger, Jesu Verwandte
4,1-34 Gleichnisse
4,35-5,43 Wundergeschichten
6,1-56 Abschluß des Wirkens in Galiläa
7,1-8,26 Das Wirken Jesu unter Heiden
7,1-7,23 Rein und Unrein
7,24-37 Heilungen an Heiden
8,1-9 Die Speisung der 4000 als Abschluß der Wanderung durch das Heidengebiet
8,10-26 Die Rückkehr nach Galiläa

2. Hauptteil: Jesu Weg zur Passion
8,27-9,1 Petrusbekenntnis, 1. Leidensankündigung
9,2-50 Verklärung, Wunder, 2. Leidensankündigung, Belehrungen
10,1-52 Weg nach Jerusalem, Belehrungen, 3. Leidensankündigung, Wunder

3. Hauptteil: Jesus in Jerusalem
11,1-25 Einzug in Jerusalem, Tempelreinigung
11,27-12,44 Streit- und Lehrgespräche
13,1-37 Rede von den letzten Dingen
14,1-15,47 Die Passion Jesu
16,1-8 Das leere Grab
(16,9-20) Unechter Markusschluß: Erscheinungen des Auferstandenen, Aussendung der Jünger

sind, ist unklar. Jedenfalls sind die Berichte 16,9-20 – wiewohl möglicherweise alt – später angefügt worden.

Höhepunkt jedes der drei Hauptteile ist jeweils das Zeugnis ›Dieser ist Gottes Sohn‹, bei der Taufe (Mk 1,9-11) und bei der Verklärung (9,7) von einer Himmelsstimme gesprochen, bei der Kreuzigung als Bekenntnis des römischen Hauptmanns.

Für die Passionsgeschichte Mk 14,1-16,8 hat Markus möglicherweise schon eine alte Zusammenstellung benutzt, die Jesu Gebet in Gethsemane, Verhaftung, Verhör, Verurteilung, Kreuzigung, Grablegung und die

Jesus am Ölberg. Meister des Altars von Hohenfurth, 1530. Die Jünger sind in Schlaf gesunken, während Jesus im Gebet Trost von einem Engel empfängt.

Erzählung vom leeren Grab umfaßte und als Weiterentwicklung des paulinischen Ur-Evangeliums angesehen werden kann.

Als charakteristisch für Markus wird das ›Messiasgeheimnis‹ angesehen: Jesus befiehlt seinen Jünger zweimal Schweigen hinsichtlich seiner Messianität (Mk 8,30;9,9), beim zweiten Mal ausdrücklich bis zur Auferstehung: »Erst Kreuz und Auferstehung ermöglichen eine uneingeschränkte Erkenntnis Jesu Christi.« (U. Schnelle)

Das Gerokreuz im Kölner Dom ist eines der ältesten und eindrucksvollsten. Gestiftet von Erzbischof Gero, um 970.

Das Evangelium nach Matthäus

Die traditionelle Gleichsetzung des Evangelisten mit Jesu Jünger Matthäus (Mt 10,3; Mk 3,18; Lk 6,15) ist nicht haltbar: Warum sollte ein Augenzeuge für das Wirken Jesu mit dem Markus-Evangelium das Werk eines Nichtaugenzeugen als Quelle benutzt haben? Zudem ist die Namensanführung »Matthäus« Mt 9,9 sekundär; in der Markusvorlage steht dort »Levi« (Mk 2,14). Ob der Evangelist Juden- oder Heidenchrist war,

Die vier Evangelisten und ihre Symbole

In der Offenbarung des Johannes hat der Seher eine Vision von vier Tieren, deren erstes war »gleich einem Löwen, und das andere Tier war gleich einem Kalbe, und das dritte hatte ein Antlitz wie ein Mensch, und das vierte Tier war gleich einem fliegenden Adler. Und ein jegliches der vier Tiere hatte sechs Flügel, und sie waren inwendig voll Augen und hatten keine Ruhe Tag und Nacht und sprachen: Heilig, heilig, heilig ist Gott der Herr, der Allmächtige, der da war und der da ist und der da kommt!« (Offb 4,7). Diese auf Hesekiel 1,10 und Jesaja 6,3 zurückgehende Vision wurde von den Kirchenvätern seit Hieronymus auf die vier Evangelisten bezogen und führte zu einer seit dem siebten Jahrhundert festen Zuordnung: Markus der Löwe, wegen der Wüstenpredigt des Täufers am Anfang, Lukas der Stier, wegen des Opfers des Zacharias Lk 1, Johannes der Adler, wegen des schwungvollen Prologs oder auch wegen der Entrückung nach Patmos (Offb 1,9f.), und Matthäus der Mensch wegen der Genealogie des Menschen Jesu zu Beginn seines Evangeliums.

Die vier Evangelisten und ihre Symbole: Matthäus mit dem Engel, Johannes mit dem Adler, Markus mit dem Löwen und Lukas mit dem Stier. Evangeliar um 800, Aachener Schatzkammer.

ist in der Forschung umstritten; für beides finden sich Hinweise im Evangelium, so daß U. Schnelle für den Kompromiß »eines liberalen hellenistischen Diaspora-Judenchristentums« als Sitz im Leben des Evangeliums eintritt.

Da die Zerstörung Jerusalems vorausgesetzt wird (Mt 22,7), muß das Werk nach 70 entstanden sein, um 110 kennt es der Bischof Ignatius von Antiochien bereits; somit wird es um 90 n. Chr. abgefaßt worden sein.

Die beträchtliche Vermehrung des Umfangs gegenüber Markus verdankt Matthäus zum einen – wie auch Lukas – der Einarbeitung der Logienquelle Q sowie nur ihm eigenem Sondergut. Für eine ganze Reihe das Evangelium durchziehender Formeln, in denen jeweils eine Verheißung des Alten Testaments als von Jesus erfüllt erläutert wird (Mt 1,23; 2,6.15.18.23; 4,15f.; 8,17; 12,18-21; 13,35; 21,5; 27,9f.), hat die Forschung eine

Sammlung solcher Testimonienzitate angenommen, die von Matthäus vorgefunden und in seine Darlegungen redaktionell eingelegt wurden.

Wie bei Lukas zeigt sich bei den Erweiterungen schon die für spätere apokryphe Evangelien wichtige Tendenz, daß neben zusätzlichen Logien, Gleichnissen und Wundergeschichten aus Sondertraditionen vor allem ein Rückgriff auf die Zeit vor Jesu Taufe den Stoff erweitern hilft: Durch Engel verheißene Jungfrauengeburt, Geburt in Bethlehem unter einem Wunderstern, Anbetung durch die Magier, Flucht nach Ägypten, bethlehemitischer Kindermord, Ansiedlung in Nazareth bilden den Inhalt von Matthäus 1-2.

Der Evangelist Matthäus. Die Darstellung konzentriert sich auf das Gesicht im Mittelpunkt, von einem Nimbus umgeben und in starker Verrenkung dem inspirierenden Engel zugewandt.

Jesu Weg erscheint im Matthäus-Evangelium von vornherein als Weg Gottes zu den Heiden. Der Bogen des Evangeliums spannt sich vom »Gott mit uns« der Immanuel-Verheißung Mt 1,23 zum Missionsbefehl am Ende mit ihrem triumphalen Schluß »Matthäi am letzten«: Von der Geburt über Le-

Gliederung (nach U. Schnelle)
1,1-2,33 Vor- und Kindheitsgeschichte
3,1-4,11 Johannes der Täufer, Taufe und Versuchung Jesu
4,12-25 Der Beginn des öffentlichen Wirkens Jesu
5,1-7,29 Die Bergpredigt
8,1-9,34 Die Wundertaten Jesu
9,35-11,1 Die Aussendungsrede
11,2-12,50 Heilungen, Streitgespräche
13,1-52 Die Gleichnisrede
13,53-17,27 Wanderungen in Galiläa
18,1-35 Die Gemeinderede als Abschluß der galiläischen Wirksamkeit
19,1-20,34 Auf dem Weg nach Jerusalem
21,1-25,46 Jesu Wirken in Jerusalem
26,1-28,20 Passion, Auferstehung und Erscheinungen

Der Stern von Bethlehem
Seit dem Aufkommen der aufklärerischen Bibelkritik galt der Stern von Bethlehem (Mt 2,1-11) als Legende, wurden doch die Geburtsstunden aller antiken Größen traditionell von Himmelsphänomenen angezeigt und begleitet. Ausgerechnet die Astronomie war es dann, die die Historizität des Sterns wieder wahrscheinlich gemacht hat: »Anfang September im Jahr sieben vor Christus sahen Priesterastrologen des babylonischen Mardukkultes eine seltsame Erscheinung am Nachthimmel: Jupiter und Saturn schienen im Sternbild der Fische plötzlich zu einem Stern zu verschmelzen, wenige Tage später rückwärts zu laufen und schließlich am Firmament stehenzubleiben. Da Jupiter der Stern des eigenen Gottkönigs Marduk war, Saturn hingegen derjenige Israels, interpretierten die Priesterastrologen die Bewegungen am Himmel als Vorzeichen einer bevorstehenden Vereinigung ihres Gottes mit dem der Juden und einer daraus resultierenden Geburt eines neuen Gottes. Da das Tierkreiszeichen Fische, der Ort der Sternbegegnung, ebenfalls Israel zugeschrieben wurde, glaubten die Priester, daß dieses Land die Heimat des neuen Gottes war.«
(S. Klusak)

ben, Lehre, Tod und Auferstehung führt der Weg Jesu Christi in die Gegenwart der matthäischen Gemeinde: »Mir ist gegeben alle Gewalt im Himmel und auf Erden. Darum gehet hin und machet zu Jüngern alle Völker: Taufet sie auf den Namen des Vaters und des Sohnes und des Heiligen Geistes und lehret sie halten alles, was ich euch befohlen habe. Und siehe, ich bin bei euch alle Tage bis an der Welt Ende.« (Mt 28,18b-20)

Das Evangelium nach Lukas

Das Lukasevangelium ist der erste Teil eines Doppelwerkes, das mit seinem zweiten Teil, der Apostelgeschichte, konzeptuell eine Einheit bildet. Zudem nähert sich dieses Werk in beiden Teilen unter allen neutestamentlichen Werken am stärksten der antiken Literatur, vor allem der Historiographie, und wird nach antikem Brauch in beiden Teilen von einer Widmung an einen Freund und Gönner eingeleitet.

Der Kanon Muratori (s. S. 127) berichtet um 200 n. Chr. über das Lukasevangelium: »Dieser Arzt Lukas (nach Kol 4,14 – V.N.) hat es nach der Himmelfahrt

Christi, nachdem ihn Paulus als wissenschaftlich gebildeten Mann mit sich genommen hatte, unter seinem eigenen Namen nach dessen Meinung geschrieben.« In Lukas' Werken, vor allem in der Apostelgeschichte, ist jedoch keine besondere Nähe zur Theologie des Paulus feststellbar: »Der Verfasser der Apg ist in seiner Christologie vorpaulinisch, in seiner natürlichen Theologie, Gesetzesauffassung und Eschatologie nachpaulinisch. Es findet sich bei ihm kein spezifisch paulinischer Gedanke.« (Philipp Vielhauer) Mithin verdankt sich diese Tradition wohl einer Kombination von Stellen aus der Apostelgeschichte und Briefen des Paulus und seiner Schule. Der angeblich in Rom entstandene 2. Timotheusbrief setzt dort ein, wo die Apostelgeschichte endet; Lukas ist nach 2 Tim 4,11 der letzte bei Paulus ausharrende Mitarbeiter, weshalb ihm dann auch die Apostelgeschichte und mithin auch das nach

Anbetung der Könige, um 1505/10. Der Meister von St. Severin hat nicht nur die heiligen drei Könige sondern auch das Umfeld der Geburt Christi in einen kostbaren Rahmen gesetzt.

Alttestamentliche und andere religionsgeschichtliche Parallelen

Die religions- und mythengeschichtliche Schule des 19. Jahrhunderts tendierte dazu, alle durch das Alte Testament oder sonstige religionsgeschichtlichen Parallelen belegten Züge im Leben Jesu als legendär abzutun (s. S. 160, Stern von Bethlehem). In Antwort auf solche Tendenzen hat J. B. Pérès schon 1835 in seiner Schrift »Comme quoi Napoléon n'a jamais existé« nachgewiesen, daß Napoleon nie gelebt habe, sondern daß es sich um einen alten Sonnenmythos handle. ›Napoleon‹ ist vom Sonnengott Apollo abgeleitet; ›Bonaparte‹ ist der Sitz des Lichts, so wie der Teufel in der Nacht von Malaparte wohnt. Seine Mutter heißt Leticia nach Leto, der Mutter Apolls. Der Held kommt aus dem Meer im Osten (Korsika) und versinkt im Meer im Westen (St. Helena); seinen Triumph erlebt er im Süden (Italien), seinen Tief- und Schwächepunkt erleidet er im Norden (Rußland). Seine vier Brüder sind die vier Jahreszeiten, die ihre Existenz der Sonne verdanken; seine zwölf Marschälle sind die Tierkreiszeichen. Apollo hat die Pythonschlange getötet; deshalb wurde Napoleon der Sieg über die Hydra der Französischen Revolution beigelegt.

Die Flucht nach Ägypten: Maria, Josef und das Jesuskind. Albrecht Dürer, 1504.

ihm benannte Evangelium zugeschrieben wurden. Seit dem 6. Jahrhundert begegnet zusätzlich eine Tradition, nach der Lukas auch Maler gewesen ist und das erste Bild der Jungfrau Maria gemalt hat.

Lukas schreibt aus der Perspektive der dritten urchristlichen Generation, die das Heilsgeschehen bereits in Epochen einteilt, was für eine Datierung um 90 n. Chr. spricht. Die Verwerfung Israels (Lk 21,20-24) und die gesetzesfreie Heidenmission (Apg 10; 28,28) sind für ihn feste Tatsachen; er hat also wohl für eine heidenchristliche Gemeinde geschrieben. Dazu paßt seine Vertrautheit mit den Gepflogenheiten griechisch-römischer Geschichtsschreibung; viele semitische Begriffe seiner Vorlagen ersetzt er durch griechische. Im Gegensatz zu Matthäus (Mt 1,1) führt er den

Die Prologe des Lukas
»Da nun viele es übernommen haben, eine Erzählung der Ereignisse abzufassen, die sich unter uns zugetragen haben, wie sie uns diejenigen überliefert haben, die von Anfang an Augenzeugen gewesen sind und Diener des Wortes, hielt auch ich es für gut, nachdem ich allem von vorn an genau nachgegangen, es der Reihenfolge nach für dich aufzuzeichnen, hochangesehener Theophilus, damit du die Zuverlässigkeit der Dinge erkennst, über die du unterrichtet worden bist.« (Lk 1,1-4)
»Den ersten Bericht, o Theophilus, habe ich verfaßt über alles, was Jesus zu tun und zu lehren begonnen hat bis zu dem Tage, an dem er in den Himmel emporgehoben wurde, nachdem er den Aposteln, die er erwählt hatte, durch den heiligen Geist Auftrag gegeben.« (Apg 1,1 f.)

Stammbaum Jesu nicht über David auf Abraham zurück, sondern in universalistischer Perspektive auf Adam (Lk 3,38).

Ein besonderes Interesse sowohl des Lukasevangeliums wie der Apostelgeschichte gilt dem Verhältnis von Reich und Arm. »Lukas wendet sich in seiner Paränese (= ethischen Ermahnung – V.N.) vorwiegend an die

Majestas Domini aus dem Evangeliar Heinrichs des Löwen, um 1175: In der Mitte der thronende Christus, umgeben von seiner Schöpfung und den Symbolen der Evangelisten.

Wie der Aufbau aller Evangelien zeigt, sah Jesus sich in erster Linie zu Israel gesandt; daneben ist aber auch immer wieder der unbefangene Umgang, ja die Mahlgemeinschaft mit den nach jüdischem Tabu Unreinen, den Sündern und Heiden bezeugt. Wie Jesus haben auch seine Apostel nach seinem Tod bevorzugt in den Synagogen gelehrt, und anfangs wirkte die Jesusgemeinde nach innen wie nach außen wie eine der zahlreichen Strömungen innerhalb des Judentums. Auch die Aufnahme von Heiden in diese Gemeinschaft durch die Taufe bewirkte anfangs keine Spannungen, da sie den ›Gottesfürchtigen‹, Heiden, die sich zur Synagoge hielten, ohne sich beschneiden zu lassen, gleichgestellt schienen. (s. S. 23f.)

Eine Entscheidung innerhalb der neuen innerjüdischen ›Christussekte‹ wurde fällig, als radikale judenchristliche Kreise die volle Übernahme des Judentums, also auch die Übernahme des Gesetzes und die Beschneidung, als Vorbedingung für die Taufe von Heidenchristen forderten. Eine Durchsetzung dieser Forderungen hätte die beginnende Weltreligion zur jüdischen Sekte zurückgebildet. Die Fragen wurden auf dem sogenannten Jerusalemer

Die Miniatur mit Jesu Besuch bei Maria und Martha hat zudem das Motiv der Frau im Sinn, die Jesu Füße salbt und mit ihrem Haar trocknet. Diese wird auch mit Maria Magdalena in Verbindung gebracht.

Disputation der Apostel Petrus und Paulus. Letzterer legt hinweisend seine Hand auf eine Bibelseite. Gemälde von El Greco in der Eremitage, St. Petersburg.

›Apostelkonvent‹ (um 43/44) zwischen Petrus und Jakobus als den »Säulen« der Urgemeinde und Paulus und Barnabas als den Vertretern der Heidenmission geklärt. Die Berichte darüber divergieren stark; der in Apg 15,1-33 harmonisiert 60 Jahre nach dem Ereignis erheblich, während Paulus in Gal 2 noch die Empörung anzumerken ist. Petrus bleibt die Judenmission anvertraut, Paulus die gesetzesfreie Heidenmission; als Hommage an die Jerusalemer Mutterkirche wird eine bei den Heidenchristen einzusammelnde Kollekte für die »Armen« – ein Ehrentitel der Urgemeinde – in Jerusalem verabredet, deren Organisation sich durch die gesamten Paulusbriefe hinzieht. Daß die Spannungen damit noch nicht ausgestanden waren, zeigt ein schwankendes Verhalten des Petrus in Antiochia, als er unter dem Einfluß des Jakobus den Heidenchristen die zuvor gewährte Mahlgemeinschaft wieder entzieht und Paulus ihm »ins Angesicht widerstand«. (Gal 2,11-21)

Von ähnlichem In- und Nebeneinander von friedlicher Koexistenz und violenten Spannungen war bis in die sechziger Jahre auch das Verhältnis der frühen (Juden-)Christen zu den orthodox gebliebenen Juden gekennzeichnet. Gelegentlich brachten der Hohe Rat oder die einzelnen Synagogengemeinden die ihnen zu Gebote stehenden Strafen gegen die

Neuerer zur Anwendung; so bei der Steinigung des Herrenbruders und Gemeindeleiters Jakobus wegen Gesetzesbruchs im Jahre 62. Es kam aber nur zu zwei Verfolgungsaktionen. Die eine galt der heidenchristlichen Gruppe um Stephanus (Apg 6,8-8,3), der zum ersten Märtyrer wurde, während andere Heidenchristen aus Jerusalem vertrieben wurden, was der weiteren Verbreitung des Christentums zugleich Auftrieb gab. Um 43/44 verfolgte Herodes Agrippa I. den Juden zuliebe die Christusanhänger; der Zebedäussohn Jakobus – evtl. auch sein Bruder Johannes – wurde enthauptet und Petrus verhaftet. Im weiteren Verlauf kam es immer wieder zu Denunziationen der Christen – stets auch des Paulus, z.B. in Apg 21,27 ff. – bei der jüdischen Obrigkeit: Die Juden selbst waren als ›religio licita‹ vom Kaiserkult ausgenommen und nur zum Gebet für den Kaiser verpflichtet; durch Denunziation der Christen als Andersgläubige stand es in ihrer Macht, den Christen diesen Schutz zu entziehen und sie dem römischen Staat auszuliefern. So bezog sich das von Sueton bezeugte Vertreibungsedikt des Kaisers Claudius 49/50 vermutlich auf die Christen unter den römischen Juden.

Dieses spannungsreiche und wechselvolle Verhältnis von Juden,

Die Steinigung des hl. Stephanus, Giorgio Vasari.

Pilatus wäscht sich die Hände, um die Schuld am Tod Jesu von sich zu weisen. Relief vom Sarkophag des zum Christentum bekehrten römischen Statthalters Junius Bassus.

Judenchristen und Christen während der Entstehungszeit der neutestamentlichen Schriften gilt es zu beachten, wenn man die Darstellung der Juden im Neuen Testament bedenkt. Ihre Beurteilung reicht vom Wissen, daß das Heil von den Juden kommt (Joh 4,22), bis zum offenen Antijudaismus. Betrachtet man allein die Berichte von der Kreuzigung Jesu, so erweisen sich Markus (Mk 15,29-32) und Johannes (Joh 19,14-16) als antijüdisch, Matthäus als massiv judenfeindlich (Mt 27,25: »Sein Blut komme über uns und über unsre Kinder«), während Lukas die Kreuzigung mit den Klagen des ganzen Volkes über Jesu Leid gleichsam rahmt (Lk 23,27.48) und das Spotten den »Oberen« wie den heidnischen Soldaten gleichermaßen zuschreibt (Lk 23,35 f.).

William Holman Hunt »Die Auffindung des Jesuskindes im Tempel«, 1854–60. Der Orient-Reisende versuchte ein hohes Maß an Realistik in das Historienbild zu bringen.

Reichen in seiner Gemeinde und ruft sie angesichts der Gefahr des Glaubensabfalles zur Distanz zum Reichtum auf ... Sein Ziel ist nicht die kompromißlose Kritik der Reichen, sondern die Realisierung einer Liebesgemeinschaft zwischen Armen und Reichen der Gemeinde, deren Voraussetzung die Bereitschaft zu Almosen auf Seiten der Reichen ist. Lukas schrieb insofern ein Evangelium an die Reichen für die Armen.« (U. Schnelle) Daraus resultiert die geradezu zum Urkommunismus verklärte Schilderung der sozialen Verhältnisse in der Urgemeinde (Apg 2,42-47).

Wie bei Matthäus finden sich auch bei Lukas Erweiterungen des markinischen Lebens Jesu zur Kindheit

Gliederung (nach U. Schnelle)
1,1-4 Vorwort
1,5-2,52 Vorgeschichte: Geburt Johannes d. T. und Geburt Jesu
3,1-4,13 Vorbereitung der Wirksamkeit Jesu: Der Täufer, Jesu Taufe, Stammbaum und Versuchung Jesu
4,14-9,50 Das Wirken Jesu in Galiläa
9,51-19,27 Jesu Reise nach Jerusalem
19,28-21,38 Jesu Wirken in Jerusalem
22,1-23,56 Die Passion Jesu
24,1-53 Die Auferstehungserzählungen

Das ›Magnificat‹, der Lobgesang Mariens
Meine Seele erhebt den Herrn, und mein Geist freut sich Gottes, meines Heilandes; denn er hat die Niedrigkeit seiner Magd angesehen. Siehe, von nun an werden mich selig preisen alle Kindeskinder. Denn er hat große Dinge an mir getan, der da mächtig ist und dessen Name heilig ist. Und seine Barmherzigkeit währt von Geschlecht zu Geschlecht bei denen, die ihn fürchten. Er übt Gewalt mit seinem Arm und zerstreut, die hoffärtig sind in ihres Herzens Sinn. Er stößt die Gewaltigen von Thron und erhebt die Niedrigen. Die Hungrigen füllt er mit Gütern und läßt die Reichen leer ausgehen. Er gedenkt der Barmherzigkeit und hilft seinem Diener Israel auf, wie er geredet hat zu unsern Vätern, Abraham und seinen Kindern in Ewigkeit. (Lk 1,46-55)

hin, die mit denen bei Matthäus nicht übereinstimmen, von der wunderbaren Geburt Johannes' wie Jesu bis zum zwölfjährigen Jesus im Tempel (Lk 1,5-2,52). Diese Tendenz setzt sich in der Folgezeit bis zu ganzen Kindheitsevangelien fort, die von der Kirche nicht rezipiert wurden, etwa dem von Thomas dem Israeliten.

Jesus als Weltenrichter aus dem »Jüngsten Gericht« von Michelangelo in der sixtinischen Kapelle des Vatikans in Rom, 1534–41. Entgegen der Bildtradition des weltüberlegenen, in sich ruhenden Herrschers hat Michelangelo in starker Körperbetonung einen heldenhaften Jüngling als göttlichen Richter gemalt.

Die Taufe Jesu im Jordan durch Johannes den Täufer. Miniatur im Landgrafenpsalter, 1211–13.

Theologisch bildet das lukanische Doppelwerk eine Einheit, die von der Heilsgeschichte gestiftet wird, die mit der Geburt Johannes' des Täufers beginnt und mit der Predigt des Reiches Gottes durch den Apostel in Rom, dem Zentrum des Imperiums, endet: »Paulus aber blieb zwei volle Jahre in seiner eigenen Wohnung und nahm alle auf, die zu ihm kamen, predigte das Reich Gottes und lehrte von dem Herrn Jesus mit allem Freimut ungehindert.« (Apg 28,30 f.)

Diese Heilsgeschichte wird in für die antike Geschichtsschreibung typischer Synchronisation über Herrscherdaten (Lk 2,1 f.; Lk 3,1 f.) mit der Weltgeschichte verbunden und wird so zum Teil der Profanhistorie. Ihre Achsenzeit ist das Auftreten Johannes' des Täufers: »Das Gesetz und die Propheten weissagen bis auf Johannes; und von der Zeit wird das Reich Got-

Johannes der Täufer ist außer in den vier Evangelien und der Apostelgeschichte auch beim jüdischen Historiker Josephus bezeugt. Er war ein den unmittelbaren Anbruch der Gottesherrschaft predigender Asket, dessen Taufen im Jordan der radikalen Umkehr zum Gottesreich dienten. Die Berührung dieser für die geradezu ekstatisch bewegte Zeit typischen Gestalt, die nicht zufällig zu unserer Zeitenwende wurde, mit Jesus besteht darin, daß Jesus sich von Johannes hat taufen lassen. Um so stärker waren dann die Bemühungen der frühen Gemeinde, den mit Jesus konkurrierenden Johannes zu seinem bloßen Vorläufer zu machen; immerhin berichtet Apg 19,1-7 von Täuferjüngern noch zur Zeit des Apostels Paulus. Am weitesten geht hierin Lukas, der in Lk 1 alte Täuferlegenden, die wohl im Kreis seiner Jünger tradiert wurden, zu einer embryonalen Freundschaft der beiden Endzeitgestalten ausdeutet. Wegen der Befürchtung vom Täufer ausgelöster politischer Unruhen ließ Herodes Antipas ihn verhaften und hinrichten; die näheren Umstände seines Todes (Mk 6,17-29) – Tanz der Salome vor Herodes mit dem Kopf des Täufers als Preis – sind eine volkstümliche Anekdote unbekannter Herkunft.

Salome: Der Wahntraum der Tocher des Herodias ist Thema des Gemäldes von Gustave Moreau (1826–1898), im gleichnamigen Museum in Paris.

Eine textgenaue Interpretation des Bußpredigers Johannes als »Rufer in der Wüste« zeigt das Gemälde »Der Rufer« von Carl Hofer, um 1924.

tes durchs Evangelium gepredigt«, ob man Johannes nun auf die Seite des Gesetzes oder des Evangeliums schlägt – beide Deutungen werden vertreten –, sein Auftreten markiert die Grenze zwischen Gesetz und Evangelium.

Die doppelt erzählte Himmelfahrt Jesu (Lk 24,50 f.; Apg 1,9 f.) verklammert die Heilszeit Jesu mit der Zeit der Apostel und ihrer ›Zeugenschaft‹ »zu Jerusalem und in ganz Judäa und Samarien und bis an das Ende der Erde« (Apg 1,8).

Zeitlich ist die Apostelgeschichte nach dem Lukasevangelium, also in der Zeit zwischen 90 und 100 anzusetzen.

»Lukas nahm in das zweite Buch seines Doppelwerks sowohl eine zusammenhängende Quellenschrift (›Itinerar‹ – d.h. Stationenverzeichnis – V.N.) der Paulusreisen als auch Einzeltraditionen unterschiedlichen

Umfang auf, die ihm in schriftlicher oder mündlicher Form vorlagen. Alle geprägten Überlieferungen wurden von Lukas redaktionell überarbeitet und in den Kontext des Gesamtwerks integriert«. (U. Schnelle) So erklären sich auch die ›Wir‹-Passagen (Apg 16,10-17; 20,5-15; 21,1-18; 27,1-28,16), die keineswegs für eine Augenzeugenschaft des Lukas sprechen. Vielleicht hat der Verfasser sich wie ein hellenistischer Historiker sein Material »durch Befragung von Reisenden, auf eigenen Reisen und durch briefliche oder von Mittelsmännern besorgte Erkundigungen bei den verschiedenen Gewährsleuten selbst beschafft.« (E. Plümacher)

Wie in der gesamten antiken Historiographie üblich, sind die zahlreichen Reden, meist des Petrus oder Paulus, die fast ein Drittel des Textes ausmachen, nicht authentisch, sondern stammen vom Erzähler; der antike Geschichtsschreiber sah in ihnen geradezu ein Festmahl für seine Erzählkunst. Von großer Strahlkraft ist beispielsweise die Rede des Apostels Paulus auf dem Areopag in Athen, in der er von einem Athener Altar für »den unbekannten Gott« ausgeht, den er mit dem Gott der Juden und dem Gott Jesu identifiziert (Apg 17, 22-34). So ist die Apostelgeschichte wohl das am geschlossensten und mit größter Lebendigkeit erzählte Buch der gesamten Bibel.

Gliederung (nach U. Schnelle)
1,1-14 Vorwort (Widmung, Himmelfahrt)
1,15-8,3 Die Apostel als Zeugen des Evangeliums in Jerusalem
8,4-11,18 Die Verkündigung des Evangeliums in Samaria und den Küstengebieten, in Apg 9,32ff. kommt die Heidenmission in den Blick
11,19-15,35 Die antiochenische Mission; in Apg 15,1-33 endet mit dem Apostelkonvent die Urzeit der Kirche
15,36-19,20 Die Mission des Paulus in Kleinasien und Griechenland
19,21-21,17 Paulus auf dem Weg nach Jerusalem (und Rom)
21,18-26,32 Verhaftung und Prozeß des Paulus
27,1-28,31 Reise des Paulus nach Rom und sein Wirken dort

Der Brief ist eine verbreitete literarische Gattung der Antike und eine der beliebtesten Formen der didaktischen Literatur. So ist die berühmte sogenannte »Ars poetica« des Horaz ein Brief »ad Pisones« (= Vater und Sohn Piso), wenn auch in Hexametern, mit allen Merkmalen der Gattung, wie z.B. Sprunghaftigkeit, Lebhaftigkeit der Darbietung, fehlende Systematik, Raum für Abschweifungen u.ä. Der von der späteren Tradition in enge Nachbarschaft zu Paulus gerückte stoische Philosoph Seneca (s. S. 23 f.) hat einen Großteil seines philosophischen Werkes in Briefform abgefaßt.

Auch die Briefe des Paulus waren zur Verlesung im Gottesdienst und damit für die Öffentlichkeit bestimmt (1 Thess 5,27), wenn sie auch jeweils in die lebendige Kommunikationsform – persönliche Besuche, Absenden und Empfangen von Boten – mit den jewei-

Das Hohelied der Liebe
Wenn ich mit Menschen- und mit Engelzungen redete und hätte die Liebe nicht, so wäre ich ein tönendes Erz oder eine klingende Schelle. Und wenn ich prophetisch reden könnte und wüßte alle Geheimnisse und alle Erkenntnis und hätte allen Glauben, so daß ich Berge versetzen könnte, und hätte die Liebe nicht, so wäre ich nichts. Und wenn ich alle meine Habe den Armen gäbe und ließe meinen Leib verbrennen, und hätte die Liebe nicht, so wäre mir's nicht nütze.
Die Liebe ist langmütig und freundlich, die Liebe eifert nicht, die Liebe treibt nicht Mutwillen, sie bläht sich nicht auf, sie verhält sich nicht ungehörig, sie sucht nicht das Ihre, sie läßt sich nicht erbittern, sie rechnet das Böse nicht zu, sie freut sich nicht über die Ungerechtigkeit, sie freut sich aber an der Wahrheit; sie erträgt alles, sie glaubt alles, sie hofft alles, sie duldet alles.
Die Liebe hört niemals auf, wo doch das prophetische Reden aufhören wird und das Zungenreden aufhören wird und die Erkenntnis aufhören wird. Denn unser Wissen ist Stückwerk und unser prophetisches Reden ist Stückwerk. Wenn aber kommen wird das Vollkommene, so wird das Stückwerk aufhören. Als ich ein Kind war, da redete ich wie ein Kind und dachte wie ein Kind und war klug wie ein Kind; als ich aber ein Mann wurde, tat ich ab, was kindlich war. Wir sehen jetzt durch einen Spiegel ein dunkles Bild; dann aber von Angesicht zu Angesicht. Jetzt erkenne ich stückweise; dann aber werde ich erkennen, wie ich erkannt bin. Nun aber bleiben Glaube, Hoffnung, Liebe, diese drei; aber die Liebe ist die größte unter ihnen. (1 Kor 13)

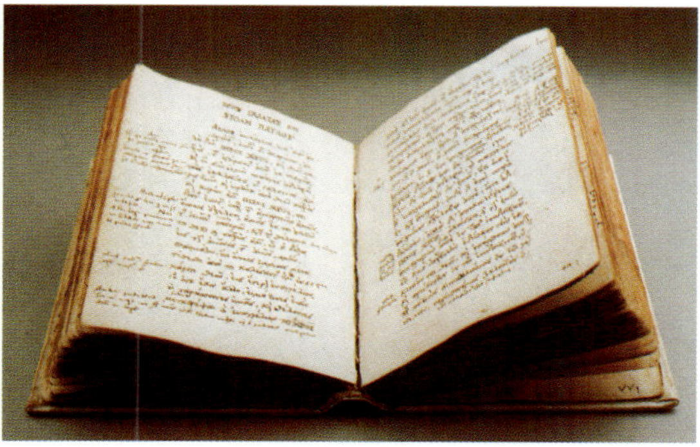

Paulusbriefe in Zwinglis Handschrift 1517 (Galaterbrief aus Erasmus' N.T. 1516).

ligen Gemeinden eingebettet sind. Selbstverständlich bietet Paulus in ihnen das ganze Arsenal der Rhetorik auf. »Elemente der paulinischen Argumentation sind: Antithesen, Typologien, Vergleiche, Ironie, Gleichnisse, Kettenschlüsse, ... Digression, Chiasmus, Sentenzen, Exempel, Lasterkataloge, ... LXX-Zitate, Herrenworte, Zwischenfragen, ›fiktive‹ Einwände der Kontrahenten, wertende Anreden u.a.m.« (U. Schnelle) Vor allem der Galater- und der Philemonbrief lassen eine rhetorische Bildung des Paulus erkennen.

Man unterscheidet beim antiken Brief das griechische und das orientalische Eingangsformular. Beim griechischen – und lateinischen – geht es sehr schlicht zu: Absender – Empfänger – Segenswunsch: »Seneca Lucilio suo salutem«. Im Neuen Testament hat diesen Eingang nur der Jakobusbrief; die anderen weisen das orientalische Formular auf, bei dem Absender und Empfänger genannt werden und der Segenswunsch einen eigenen Satz umfaßt. Paulus variiert und erweitert vor allem die Absenderangabe sehr kunstvoll um Kennzeichnungen und Spezifikationen seines Apostolats (z.B. Rm 1,1-6 nur Absender!). Paulus hat seine Briefe Mitarbeitern und Sekretären diktiert, die meist genannt werden. Im 1. Korintherbrief (1 Kor 16,21) und im Galaterbrief folgt deshalb ein eigenhändiger Zusatz (Gal 6,11-18), in dem er sich über seine eigene große Schrift mokiert. Ansonsten enthält der Briefschluß – wie bis heute üblich – Grüße und Ermahnungen.

Im letzten Drittel des vorigen Jahrhunderts war es wissenschaftliche Mode, die kanonischen Briefe des Paulus in Teilbriefe zu zerlegen, aus denen sie jeweils ein Redaktor komponiert habe, so daß es schließlich spöttisch hieß, Paulus habe keine Briefe geschrieben, sondern Postkarten. Davon ist die herrschende Forschung inzwischen wieder abgekommen – warum soll man bei einem Redaktor – bei einem Brief durchaus übliche – Gedankensprünge oder leichte Widersprüche tolerieren, bei Paulus aber nicht?

Die Anordnung der Paulusbriefe in den Codices folgt der Länge; zur Chronologie der Briefe s. S. 131. Der den heutigen Briefteil eröffnende Römerbrief nimmt eine Sonderstellung ein, da er nicht der Kommunikation mit einer der Paulus bekannten oder von ihm gegründeten Gemeinden dient und auf Mißstände oder Streitfragen eingeht, sondern Paulus und seine Theologie der wichtigen Hauptstadtgemeinde bekanntmachen will, von der aus und mit deren Hilfe er seine Mission in Spanien beginnen will (Rm 15,22-24).

Die Briefe der Paulusschule

Von den 27 Schriften des neuen Testaments wurden nur die authentischen Paulusbriefe unter dem eigenen Namen verfaßt. Auch die Johannesoffenbarung und der 2. und 3. Johannesbrief haben eine genuine Verfasserangabe, wenn auch die dahinterstehende Person unklar bleibt. Sieben Werke wurden anonym verfaßt (Mk, Mt, Lk, Apg, Joh, Hebr, 1 Joh) und erhielten erst nachträglich Verfassernamen. Die übrigen Schriften müssen als pseudepigraphisch gelten, als von vornherein unter einem berühmten Namen verfaßt. Dies ist ein in der gesamten griechischen und römischen Literatur weit verbreitetes Phänomen, fast allen Dichtern und Denkern wurden spätere Nachahmungs- oder Schulwerke zugeschrieben; vor allem die Herausgabe von Briefen vergangener Geistesgrößen war gängige Praxis. Auch in der Tradition der hebräischen Bibel wurden Moses alle Gesetzestexte, David Psalmen, Salomo die gesamte Weisheitsliteratur und nahezu allen

Propheten Fortschreibungen ihrer Schulen zugeschrieben.

Die neutestamentliche Pseudepigraphik begegnet uns vor allem in der Zeit, da die Apostelgeneration gestorben ist, die Urgemeinde durch die Zerstörung Jerusalems nicht mehr existiert und es an einem eigenen Kanon noch mangelt. Weil es keine Persönlichkeiten mehr gab, die gesamtkirchliche Autorität besaßen, griffen die Verfasser auf die Autoritäten der Vergangenheit zurück. Vor allem Paulus bot sich an, der mit seinem großen Mitarbeiterstab eine eigene Schule gegründet und hinterlassen hatte.

Aus ihr sind nach heute herrschender Meinung Kolosserbrief, Epheserbrief, 2. Thessalonicherbrief und der 1. und 2. Brief an Timotheus sowie der Brief an Titus hervorgegangen. Diese letztgenannten Briefe an persönliche Adressaten werden seit dem 18. Jahrhundert auch Pastoralbriefe genannt, weil ihr Gegenstand die Begründung und Ausgestaltung des kirchlichen Hirtenamtes ist. Daß bei fast allen Briefen auch von einigen Forschern die Abfassung von einem Sekretär des Paulus vertreten wird, ist im Grunde nur eine Variante der Schulhypothese, die lediglich eine frühere Datierung erlaubt.

Der Abschied der Apostel Petrus und Paulus. Hans Holbein d. Ä. (um 1460–1524/34), Basilika San Paolo fuori le mura (Detail).

Der sogenannte Hebräerbrief, eine wohl zwischen 80 und 90 entstandene Schrift, nimmt insofern eine Sonderstellung ein, als seine Gattungszugehörigkeit unklar und seine Anonymität möglicherweise gewollt war. Der an Paulus angelehnte Briefschluß 13,22-25 stellt vielleicht das Begleitschreiben dar, mit dem der eher als Mahnrede auf hohem theologischem Niveau konzipierte Text zur Verlesung in den Gemeinden verschickt worden ist.

Bekannt wurde ›Jakobi Vorbehalt‹: »Und nun ihr, die ihr sagt: Heute oder morgen wollen wir in die oder die Stadt gehen und wollen ein Jahr Handel treiben und Gewinn machen –, und wißt nicht, was morgen sein wird? ... Dagegen sollt ihr sagen: So Gott will und wir leben, werden wir das und das tun.« (Jak 4,13-15)

Der Jakobusbrief, der Judasbrief, die beiden Petrusbriefe und die drei Johannesbriefe werden seit dem Kirchenvater Eusebius als katholische Briefe bezeichnet, weil die gesamte Christenheit (to katholon = das Ganze) als ihr Adressat galt. In der neuesten Forschung werden die drei Johannesbriefe jedoch im Rahmen der Schriften der Johannesschule behandelt.

Von den fünf Männern mit Namen Jakobus ist es wohl der Jesusbruder dieses Namens, der als Verfasser des Briefes galt. Zu Lebzeiten war die Familie Jesu in Distanz zu ihm geblieben (Mk 3, 21.31 ff.; Joh 7,5), so daß Jakobus wohl erst nach Jesu Tod und Auferstehung zur Urgemeinde gestoßen ist, in der er bald eine führende Stelle einnahm und eine extrem judenchristliche Position vertrat (Gal 2,12). 62 wurde er nach dem Bericht des Josephus unter dem Hohepriester Hannas d.J. wegen Gesetzesübertretung gesteinigt.

Der Brief ist das Dokument einer extrem antipaulinischen Polemik: Vor allem, was das Verhältnis des Glaubens zu den Werken angeht, wird in Jak 2,17-26 die Formulierung des Paulus in Röm 3,28 ausdrücklich negiert und ins Gegenteil verkehrt. Dieser explizite Widerspruch zur Rechtfertigung aus dem Glauben, die für Luther das Zentrum der gesamten heiligen Schrift ausmachte, ließ den Reformator den »strohernen Jäckel« fast aus dem Kanon ausschließen. So könnte der Brief durchaus im Geist des strengen Judenchristen und Paulusgegners Jakobus geschrieben sein, wenn auch die Mehrzahl der Ausleger ihn für das Werk eines unbekannten hellenistischen Judenchristen von beträchtlicher griechischer Bildung hält.

Den hohen Rang, den der 1. Petrusbrief einnahm, bezeugt schon der 2. Petrusbrief, der 3,1 direkt auf ihn zurückgreift. Gegen eine Verfasserschaft des Apostels spricht aber das geläufige Koine-Griechisch des Verfassers, das einen Muttersprachler vermuten läßt, während Petrus zwar Griechisch gekonnt haben dürfte, sich aber bei seiner Mission eines Dolmetschers bediente (s. S. 154). Adressaten sind die Diasporachristen in Pontus, Galatien, Kappadozien, Asien und Bithynien, womit wohl die römischen Provinzen dieses Namens gemeint sind, die fast ganz Kleinasien ausmachen. Entstanden ist der Brief zwischen 70 und 100, wohl um 90.

Der 2. Petrusbrief erhebt den Anspruch, das Testament des Petrus zu sein (1,1.13-15). Dazu paßt seine Erinnerung an Jesu Verklärung (1,18) und die Erwähnung der Paulusbriefe (3,15 f.). 2 Pet 3,4 durchbricht jedoch diese Tradition, wenn gesagt wird, daß die Väter (des Glaubens = die erste Generation) bereits entschlafen seien.

Apostel (Petrus) vom Bamberger Dom.

Der 2. Petrusbrief vereinigt in sich Elemente des Briefs und des Testaments; vom Brief übernimmt er vor allem die Formalien wie Anfang und Schluß, zum Testament passen der bevorstehende Tod, das Erinnern an Erlebtes und das Wissen um das Eintreten zukünftiger Dinge: »In der Situation des Abschieds erteilt ein bevollmächtigter Traditionsträger einer durch Krisen verunsicherten Glaubensgemeinschaft verbindliche Weisungen.« (U. Schnelle)

Der Judasbrief soll von Judas, dem Bruder Jesu, stammen, wie die Bezeichnung als »Bruder des Jakobus« in 1,1 deutlich macht. Der Brief will in einer Zeit der Verunsicherung vor allem an den Glauben erinnern, »der einmal den Heiligen übergeben ist« (3), an die »Worte, die zuvor gesagt sind von den Aposteln unsers Herrn Jesu Christi« (17) und gedenkt mit einer Fülle von Beispielen der Strafen, die den diversen Abtrünnigen in der Geschichte Israels zuteil wurden. Zwischen dem Judasbrief und dem 2. Petrusbrief bestehen enge Parallelen, die heute meist so erklärt werden, daß der Judasbrief in überarbeiteter Form in den 2. Petrusbrief aufgenommen wurde.

Die in den letzten Jahren von der Forschung herausgearbeiteten starken Gemeinsamkeiten innerhalb der Schriftengruppe des Neuen Testaments, die mittelbar oder unmittelbar mit dem Apostelnamen ›Johannes‹ verbunden sind, haben zur Annahme einer johanneischen Schule mit dem Zentrum Ephesus geführt, in der diese Schriften entstanden sind. Diese Gemeinsamkeiten sind sowohl theologischer wie auch sprachlicher Natur, man hat geradezu von »einem Soziolekt der johanneischen Schule« gesprochen. Im deutlich angehängten Kapitel 21 des Johannesevangeliums meldet sich die Schule ausdrücklich zu Wort und macht den im Evangelium immer wieder erwähnten Lieblingsjünger zum Verfasser: »Dies ist der Jünger, der dies alles bezeugt und aufgeschrieben hat, und wir wissen, daß sein Zeugnis wahr ist.« (Joh 21,24). Von dieser Schule wurde das Evangelium vielleicht sogar herausgegeben.

Für den Sitz der Schule in Ephesus spricht die altkirchliche Tradition, der Jünger Johannes habe im hohen Alter unter Trajan das Evangelium in Ephesus geschrieben. Zudem hat das Evangelium seine früheste Wirkung in Kleinasien und im Westen des Römischen Reiches entfaltet. Ephesus als gleichzeitiges Zentrum der Paulusschule würde auch die Berührungen der johanneischen mit der paulinischen Theologie erklären.

Für eine zeitliche Anordnung der Schriften in der Reihenfolge 2. Johannesbrief, 3. Johannesbrief, 1. Johannesbrief, Johannesevangelium sprechen gute Gründe. Der 2. und der 3. Brief sind keine Zweitverwertungen des Evangeliums, sondern eigenständige Zeugnisse, bei denen der 3. den 2. voraussetzt. Der 1. Johannesbrief greift überhaupt nicht auf das Evangelium zurück, die beiden anderen präludieren es. Wären sie nach dem Evangelium entstanden, könnte man nicht erklären, wieso sie bei vielen Themen hinter dessen Niveau zurückfallen. Beide »markieren literarisch und theologisch den Ausgangspunkt der johanneischen Theologiebildung, die im Johannesevangelium ihren Höhepunkt erreicht.« (U. Schnelle)

Ihr Verfasser nennt sich mit dem Ehrentitel ›Presbyteros‹, ›Ältester‹; entstanden sind sie wohl um 90 und kurz danach.

Im 1. Johannesbrief findet sich diese Absenderbezeichnung nicht; er stammt daher wohl von einem anderen Verfasser, aber auch nicht von dem des Evangeliums. Das erklärt zu beobachtende sprachliche und sachliche Differenzen, während die Gemeinsamkeiten aus dem Soziolekt der Schule erklärt werden können. Ein Einfluß des Evangeliums ist nicht erkennbar, mithin ist 1 Joh wohl vor ihm um 95 in Ephesus entstanden.

Rembrandt schuf um 1650 dieses sanfte Antlitz Jesu Christi in Amsterdam.

Das Evangelium nach Johannes

Wegen der mit ihm verbundenen vielen offenen Fragen hat man dieses Evangelium einmal »das Schmerzenskind der neutestamentlichen Wissenschaft« genannt, aber Schmerzenskinder sind oft Lieblingskinder: Das Johannesevangelium wird wegen seiner Geschlossenheit und wegen seines zentralen Christuszeugnisses und der durchgehenden theologischen Durchdringung des Erzähl- und Redenstoffes von vielen Philosophen und Theologen, darunter auch von vielen Praktikern, sehr geliebt.

Diese Darstellung Christi als »der gute Hirte« ist gleichzeitig ein Herrscherbild, das Kreuz hält er als Zepter: Mosaik des Mausoleums der Galla in Ravenna, nach 425.

Die um 180 von Irenäus überlieferte Tradition, der Jünger Jesu habe das Evangelium im höchsten Alter unter Kaiser Trajan, also um oder nach 100, geschrieben, wird vom Inhalt nicht bestätigt. Die Verschiebungen gegenüber den Synoptikern sind für einen Augenzeugen zu groß: Bei den Synoptikern steht im Zentrum der Verkündigung das nahende und in der Person Jesu bereits anbrechende Reich Gottes; bei Johannes verkündet Jesus in seinen Bildworten von sich als dem Brot des Lebens (Joh 6,35a), dem Licht der Welt (Joh 8,12), der Tür (Joh 10,7), dem Hirten (Joh 10,11), der Auferstehung und dem Leben (Joh 11,25), dem Weg, der Wahrheit und dem Leben (Joh 14,6) und dem Weinstock (Joh 15,1) vor allem sich selbst. Die zukünftige eschatologische Predigt Jesu bei den Synoptikern ist bei Johannes zur präsentischen Eschatologie geworden: In Jesu Wirken ist der neue Äon (S. S. 122) bereits in diese Welt eingebrochen (Joh 5,25; 11,25 f.).

Für Ephesus als Abfassungsort spricht die altkirchliche Tradition, die Zuordbarkeit zu einer johanneischen Schule und die Ferne zu Palästina: Aus dem hebräischen ›Messias‹ ist der griechische ›Christos‹ geworden, jüdische Bräuche und das Verhältnis zwischen Juden und Samaritanern werden erklärt. Wirkungsge-

Die Verleugnung des Petrus, Miniatur aus einer griechischen Handschrift des 11. Jh.

schichte und textliche Überlieferung legen die Zeit zwischen 100 und 110 nahe; ein lange Zeit auf 125 datiertes Papyrusfragment des Evangelientextes stammt wohl doch aus späterer Zeit.

Seit dem lange unangefochtenen Johanneskommentar von Rudolf Bultmann (1. Auflage 1941) galt ein erst von ihm korrigiertes Durcheinander in der Blattfolge für gesichert. Mittlerweile ist man zur johanneischen Anordnung zurückgekehrt, da Bultmanns Thesen

Gliederung (nach U. Schnelle)
1,1-18 Prolog: Jesu, der Logos
1,19-12,50 Das Wirken des Offenbarers in der Welt
1,19-51 Das Zeugnis des Täufers und die ersten Jünger
2,1-4,54 Erzählfolge mit Kana als Anfangs- und Schlußpunkt
5,1-47 Jesu erste Auseinandersetzung mit den Juden
6,1-71 Jesus in Galiläa
7,1-11,54 Der sich steigernde Konflikt mit den Juden
11,55-12,50 Das letzte Passah in Jerusalem und das bevorstehende Leiden Jesu
13,1-20,29 Jesu Offenbarung vor den Seinen, Passion, Erhöhung und Erscheinungen des Auferstandenen
13,1-17,26 Die Offenbarung der Jüngerschaft
18,1-20,29 Passion und Ostern
20,30-31 Epilog: Vom Verstehen des Evangeliums
Nachträge: 21,1-23: Erscheinung des Auferstandenen am See Tiberias; 21,24f. Zweiter Buchschluß

Isenheimer Altar mit der Kreuzigung von Matthias Grünewald, 1512–15. Unter dem Kreuz stehen rechts Johannes der Täufer, links Maria und Johannes mit Maria Magdalena.

ebenso viele Probleme schaffen, wie sie zu lösen vorgeben. Von der äußeren Textkritik, d.h. ihrer späten Überlieferung her sind nur die Passagen Joh 4,2; 5,3b.4; 7,53-8,11 – die berühmte Geschichte von Jesus und der Ehebrecherin, die trotzdem auf eine alte Überlieferung zurückgehen kann – auszuscheiden.

Am stärksten erforscht, diskutiert und umstritten ist das Verhältnis zu den Synoptikern, mit denen es doch zahlreiche Übereinstimmungen gibt. Aus ihnen ergibt sich, daß Johannes die Evangelien von Markus und Lukas gekannt haben muß; anderenfalls hätte er ja die Gattung ›Evangelium‹ ein zweites Mal erfunden, in der in ein Lebens- und Reiseschema als Rahmen Wunderberichte, Logien und Reden eingelegt werden. Hauptdifferenzpunkte sind Jesu dreijähriges Wirken – wobei das eine Jahr bei den Synoptikern mit der Passahreise nach Jerusalem am Ende auch ein willkürliches Schema darstellt –, die Tempelreinigung zu Beginn seines Auftretens und sein Tod am Vortag des Passahfestes.

Johannes variiert das synoptische Schema insofern, als er den Stoff in sorgfältiger komponierten homogenen Passagen präsentiert und zugleich stärker integriert. Während bei den Synoptikern nur Petrus als Gestalt und Charakter – impulsiv und großsprecherisch zugleich (Mt 14,28-30; 26,57-75) – greifbar wird, taucht der Jesus wohlgesonnene angesehene Pharisäer Nikodemus zu Beginn von Jesu Wirken als nächtlicher Besucher (Joh 3,1-21), in der Mitte als sein Fürsprecher (Joh 7,50) und am Ende als Mitarrangeur seines Begräbnisses wieder auf (Joh 19,39). Die Stellen sind dabei referentiell miteinander vernetzt. Solch ein Vorgehen wäre bei den Synoptikern als Redakteuren von vorgefundenem Einzelgut undenkbar. Das Evangelium nach Johannes ist so das am stärksten komponierte und gestaltete; das die Komposition durchwaltende Prinzip nennt es in seinem letzten Satz selbst: »Dies alles wurde geschrieben, damit ihr glaubt, Jesus ist der Christus und der Sohn Gottes, und daß ihr als Glaubende in seinem Namen das Leben besitzt.«

Die Kreuzaufrichtung in der Verfilmung des Matthäus-Evangeliums durch Pier Paolo Pasolini, 1964.

Die Offenbarung des Johannes

Neben der alttestamentlichen Apokalypse des Daniel (s. S. 119 ff.) ist die dem »Knecht Johannes« (Offb 1,1b) zuteil gewordene die einzige Vertreterin der um die Zeitenwende stark verbreiteten Gattung, die zur kanonischen Schrift geworden ist. (Zur Gattung ›Apokalypse‹ s. S. 121 ff.) In direktem Daniel-Zitat will die Offenbarung des Johannes das von Jesus durch seinen Engel dem Knecht Johannes enthüllte »ha dei genesthai en tachei« – »was notwendig bald geschehen muß« – den Gemeinden vermitteln, die zukünftigen Ereignisse, bis Jesus am Ende der Zeit (Offb 10,6) wiederkommt und vor dem Kosmos offenbar wird: »Ich bin das A und das O, der Erste und der Letzte, der Anfang und das Ende« (Offb 22,13). Der Seher fleht daher im Schlußgebet: »Amen, ja, komm, Herr Jesus!«

Ort der Visionen ist Patmos, wohin der Seher »um des Wortes und des Zeugnisses Jesu willen« (Offb 1,9) verbannt war, vielleicht als Kritiker des Kaiserkults unter dem späten Domitian. Die Schrift wäre dann zwischen 90 und 95 entstanden.

Weit über tausend Jahre spannt sich der Bogen von den Erzvätern und den Mythen von der Erschaffung

Johannes auf Patmos, wo er nach einer Vision die Apokalypse, die »Offenbarung des Johannes«, verfaßt. Gemälde von Hans Burgkmair d. Ä.

Stefan Lochners »Weltgericht« entstand um 1435 als Mitteltafel der ehemaligen Kölner Pfarrkirche St. Laurenz. Mit großer Detailgenauigkeit schildert der am Bodensee geborene und eben aus den Niederlanden kommende Maler das Jüngste Gericht. Der thronende Christus hält Gericht über die Erlösten (links, Pforte zum Himmel) und die Verdammten (rechts, Tor zur Hölle).

der Welt und der ersten Menschen bis zum Wirken Jesu und zum Christuszeugnis des Paulus, der Evangelisten und der frühen Kirche und ihrer Lehre von Christi Wiederkunft am Ende der Tage. Eck- und Spannpunkte dieses Bogens sind der Gott Israels, der den Menschen trotz seiner Fehlerhaftigkeit und Gebrochenheit annimmt, und Jesus der Christus, der als Gottes Sohn den Menschen ihre voraussetzungslose Erlösung und bedingungslose Annahme immer wieder neu zusagt und ihre Gebrochenheit ans Kreuz trägt und ihr zum Trotz auferweckt und als Herr des Kosmos eingesetzt wird. Bleibende Zeugnisse für eine Utopie, die zugleich ewig wie stündlich ihrer Einlösung harrt, sind das Gleichnis vom bösen Knecht, der seinen Mitknecht um einer Bagatelle willen würgt, nachdem ihm selbst Millionen erlassen worden sind (Mt 18,23-35), und das Gleichnis vom Weltgericht: Dem Christen begegnet sein Herr im Insassen einer Justizvollzugsanstalt, im Obdachlosen auf der Kölner Domplatte, im indischen Paria und im verachteten Slumbewohner einer südamerikanischen Großstadt (Mt 25, 31-46).

Albertz, Rainer: Religionsgeschichte Israels in alttestamentlicher Zeit. Teil 1. Göttingen: Vandenhoeck & Ruprecht 1992 (2. Auflage 1996). Teil 2. Ebd. 1992 (2. Auflage 1997)

Die Andere Bibel mit Altem und Neuem Testament. Hrsg. von Alfred Pfabigan. Frankfurt a. M.: Eichborn 1990

Berger, Klaus: Jesus. München: Pattloch 2004

Berger, Klaus: Qumran. Funde – Texte – Geschichte. Stuttgart: Reclam 1998

Boecker, Hans Jochen; Hermisson, Hans-Jürgen; Schmidt, Johann Michael; Schmidt, Ludwig: Altes Testament. Neukirchen-Vluyn: Neukirchener Verlag 1983 (5. Auflage 1996)

Bultmann, Rudolf: Die Geschichte der synoptischen Tradition. Göttingen: Forschungen zur Religion und Literatur des Alten und Neuen Testaments 29 1921 (8. Auflage 1970)

Einleitung in das Alte Testament. Hrsg. von Erich Zenger u.a. Stuttgart: Kohlhammer 1995 (5. Auflage 2004). Darin: Erich Zenger: Die Bücher der Tora/des Pentateuch; Die Bücher der Weisheit; Eigenart und Bedeutung der Prophetie Israels; Das Zwölfprophetenbuch; Das Buch der Psalmen

Galley, Susanne; Hoba, Katharina; Kurths, Anja; Völkening, Helga: Die Hebräische Bibel. Eine Einführung. Berlin-Brandenburg: be.bra wissenschaft verlag 2004

Gnilka, Joachim: Wie das Christentum entstand. Band 1: Jesus von Nazaret. Band 2: Paulus von Tarsus. Band 3: Theologie des Neuen Testaments. Freiburg im Breisgau: Herder 1992, 1997; Sonderausgabe Darmstadt: WBG 2004

Gruenter, Rainer: Wenn die Zeichen sich mehren. Von der Konjunktur des Schreckens. In: Bilder und Zeiten. Wochenendbeilage der Frankfurter Allgemeinen Zeitung vom 9.2.1991

Gunneweg, Antonius H. J.: Geschichte Israels. Stuttgart: Kohlhammer 1972 (6. Auflage 1989)

Klusak, Sebastian: Die Seele der Planeten. Gläubiger Blick in den Sternenhimmel. In: Bilder und Zeiten. Wochenendbeilage der Frankfurter Allgemeinen Zeitung vom 21.12.1996

Levin, Christoph: Das Alte Testament, München: Beck 2001

Smend, Rudolf: Die Entstehung des Alten Testaments. Stuttgart: Kohlhammer 1984 (3. Auflage 1984)

Schnelle, Udo: Einleitung in das Neue Testament. Göttingen: Vandenhoeck & Ruprecht 1994 (4. Auflage 2002)

Schnelle, Udo: Paulus. Leben und Denken. Berlin, New York: de Gruyter 2003

Scholl, Norbert: Die Bibel verstehen. Darmstadt: WBG 2004

Seybold, Klaus: Poetik der Psalmen. Stuttgart: Kohlhammer 2003

Die Spruchquelle Q. Studienausgabe Griechisch und Deutsch, Hrsg. von Paul Hoffmann und Christoph Heil. Darmstadt, Leuven: WBG, Peeters Publishers 2002

Register

Aachener Schatzkammer 158
Alte Pinakothek, München 39, 186
Archiv für Kunst und Geschichte, Berlin 172
Bayerische Staatsbibliothek 144, 164
Bayerische Staatsgemäldesammlungen, München 128u.
Bibliotheca Real, Escorial 145
Bibliothèque Nationale, Paris 82, 142, 146, 182/183
Bildarchiv Preussischer Kulturbesitz 181o.
British Library, London 90
Eremitage, St. Petersburg 20, 165
Germanisches Nationalmuseum, Nürnberg 131
Louvre, Paris 46u.
Musée Condé, Chantilly 52
Musée du Petit Palais, Avignon 71
Musée Gustave Moreau, Paris 171
Musée Message Biblique Marc Chagall, Nizza 155
Museum Birmingham 168
Museum Capitolini, Rom 23
Museum Folkwang, Essen 139
Nationalgalerie, Prag 157
National Gallery, London 137
© Nolde-Stiftung, Seebüll 81
Rijksmuseum Amsterdam 12, 38
Skulpturensammlung, Berlin 136
Staatliche Kunsthalle, Karlsruhe 137u.
Städelsches Kunstinstitut, Frankfurt 113
Tate Gallery, London 120u.
Thorwaldsen-Museum, Kopenhagen 98
Unterlindenmuseum, Colmar 135, 184
Van Gogh Museum Amsterdam 14
Vatikanische Museen, Rom 166
© VG Bild-Kunst, Bonn 2005 125, 155
Victoria and Albert Museum, London 128o.
Wallraf-Richartz-Museum, Köln 97, 134, 146, 161, 187
Württembergische Landesbibliothek, Stuttgart 170

Die Rechte für alle nicht aufgeführten Abbildungen liegen beim Autor, beim Verlag oder konnten nicht ausfindig gemacht werden.